菩提道次第

깨달음의 차례

티베트 宗喀巴 大禪師 原著
한국 活 眼 大法師 抄譯

佛敎禪定大學

머리말

불교에는 진실로 많은 선서(禪書)들이 있다. 부처님께서 직접 설한 선경(禪經)들은 그만두고라도 남방불교의 대표적인 붓다고사의 청정도론(淸淨道論), 중국 천태대사의 마하지관(摩訶止觀), 한국의 선문염송(禪門拈頌), 일본의 흥선호국론(興禪護國論), 티베트의 보리도차제(菩提道次第) 등 무려 1만 2천권 대장경 가운데 5분의 1을 차지하고 있다.

그러나 달마대사 이후 동북아시아 대부분의 불교는 "불입문자(不立文字) 직지인심(直指人心) 견성성불(見性成佛)"을 배경으로 실참실수(實參實修)만을 중심으로 공부하여 왔으므로 거의 한국의 선불교는 벙어리불교로 알려져 왔다.

그런데 요즈음 서양에서는 "마인트콘트롤"을 중심으로 인도의 요가, 동남아시아의 위빠사나, 중국·한국·일본의 간화선(看話禪)이 크게 부각되고 있으며, 달라이라마가 불란서·미국 등에서 "보리도차제"를 강의함으로써 티베트의 "자비선(慈悲禪)"이 예수의 "생천선(生天禪)"과 함께 크게 부각되고 있다.

불교선정대학에서　제3학기　교재　가운데　전등록(傳燈錄)·서장(書狀)·벽암록(碧巖錄)과　함께　"보리도　차제론"을　정교재로　정하고　티베트의　자비선을　깨달음의　순서를　따라　정한　것은　많은　불교를　알면서도　그　차례를　잘　모르고　있는　사람들이　적지　않기　때문이다.

　원래　이　책은　티베트　말로　기록된　것을　중국의　법존법사(法尊法師)가　중국어로　번역하고,　우리나라에서는　도향(道香)스님이　번역한　것이　있으나　양이　많고　이해하기　어려운　점이　많아　법존법사의　약론(略論)과　대용(大勇)스님의　석논(釋論)을　중심으로　간략히　정리하고,　거기　정법사님의　"위빠사나"밀라래빠의　10만　송시를　간추려　정리하였다.

　강령만을　뽑아　정리하다　보니　다소　어려운　점이　없지　아니하다.　그래도　나의　공부가　어느　정도　되어　있는가를　점검하는데는　좋은　길잡이가　될　것이다.
　천천히　깊이있게　정독(精讀)하면서　관찰(觀察)해　주시기　바란다.

불기　2557년　부처님　오신　날
활안　한　정　섭

라마교(喇嘛敎)

라마교는 티베트·몽골·만주·서금(西金)·
부탄·네팔 등지에서 성행하고 있는 불교다.

인도 나란타사 연화상좌(蓮華上座)스님이
요가계(瑜伽系)의 불교를 가르치고 있다가
747년 티베트왕의 초청으로
티베트 본교(苯敎)의
모든 신등을 불·보살에 교합
신구교를 교묘하게 융합시켰다.

그 후 왕은 삼야사(Samyās)를 짓고
선해대사(善海大師)를 주지로 삼은 뒤
범·한 대장경을 번역, 라마교를 조직하니
그 뒤 100년 동안 대성황을 이루었다.

랑달마왕(朗達摩王)이 절을 파괴하고
경론을 불살랐으나 1038년 동인도 벵갈주

아통초(阿通抄)스님이 와서 종문을 새롭게 하고
계율을 부흥, 13C 원세조 홀필열의 보호를 받음으로써
몽골제국의 국교가 되었다.

15C 쫑객파가 마통초스님의 교리를 개혁,
신파를 형성하니 구파를 홍파, 신파를 황파로 불렀다.
지금은 티베트, 내·외몽골, 청해성까지 크게 번져 있다.

달라이라마(達賴喇嘛)

달라이라마(Dalailāma)는
바다와 같은 위대한 지도자(大海勝者)
대양과 같이 깊이를 알 수 없는 사람(大洋無上)이라 하여
최고 최상의 스승으로 생각한다.

티베트 서울 라사(拉薩)에 있으면서
정치·종교의 모든 권한을 가진 자로
신처럼 모셔졌는데 죽은 뒤에는 탄생지를 찾아
포탈라궁(布達羅拉宮)에 모시고
항상 국가와 민족을 위해 삼매속에서 기도하게 하였다.

쫑객파의 제5대손 달라이아왕 라복장(羅卜藏)으로부터
법왕(法王)이란 이름으로 추대하자
모든 국사를 잘륜복(葛倫卜 : 국무총리)에게 맡기고
자신은 국가와 세계를 위해서 헌신하고 있다.

일러두기

1. 이 책은 티베트 쫑객파(宗喀巴)스님께서 저술하신 "보리도차제(菩提道次第)"를 간추려 정리한 법문이다.

2. 다라니(陀羅尼) 비밀(밀교)불교를 실천하면서도 히말라야 골짜기에서 선을 닦은 라마승들의 선심(禪心)을 이해하는데 다소 도움이 될 것으로 생각하여 그 강령만 간단히 적어 보았다.

3. 다행히 대용(大勇)스님이 광론(廣論)을 과판(科判)해 놓은 것이 있어 많은 참고가 되었다.

4. 중간에 붙인 위빠사나는 거해스님이 남방불교에서 체험한 것을 정의백법사님이 정리한 것이다.

5. 그리고 뒤에 붙인 히말라야 성자 밀라래빠 이야기는 그의 시 10만송에서 간추려 정리한 것이다. 알 수 없는 이야기가 많으나 깨달음을 얻기 전에는 어떻다 평가하면 안된다. 이것이 사마타와 위빠사나의 공덕이다.

귀경송(歸敬頌)

거룩하신
문수보살님께 귀의합니다.
온갖 선행을 구족하시고
끝없는 중생들의 원을 성취,
여실히 관찰하여 속속들이 다 아시는 부처님,

견줄 수 없는 최상의 부처님 아들,
부처님의 모든 일을 짊어지고
끝없는 세월 화신으로 나투신 미륵·문수보살님,

헤아리기 어려운 부처님의 가르침
그 깊은 뜻 풀이하여
세상에 널리 알려주신
용수·무착 등 모든 보살님들께 귀의합니다.

용수·무착 두 큰 스승님께서
착오없이 잘 전해주신 넓고 깊은 행

원만한 도심을 가르쳐주신
연등(燃燈) 부처님께도 예배드립니다.

끝없는 경전의 안목으로
잘 인연 따라 해탈에 드는 방법을
사랑스런 행으로 밝게 드러내신
여러 스승님들께 공경합니다.

요즈음 수행자들 잘 듣지 않고
많이 들어도 실천할 줄 몰라
한쪽 눈으로만 경전을 보고
말씀의 뜻, 지혜는 가리지 못하기에
지혜있는 이들이 기뻐한 최고의 가르침에서
멀어지는 경향이 있기에
대승의 길 들어 보게 하고자 하오니
이 마음 용맹하고 기쁩니다.

어느 한 쪽에 집착하여 어둡지 않고
옳고 그름을 가르는 힘,
수행의 의지처를 마련해주십시오.
좋은 인연있는 사람들은 생각을 가다듬어 잘 들으시옵소서.

목 차

깨달음의 차례

I. 위대한 지도자들

깨달음의 순서에는 크게 두 가지(二科)가 있다.

첫째는 귀경송(歸敬頌)으로 앞에서 밝힌 바와 같이 법의 근원을 밝힌 저자의 수승한 정신을 찬탄하고 본론의 중요성을 약술한 것이고,

둘째는 깨달음의 차서를 몇 부분으로 나누어 설명하고 있는 것이다.

먼저 법의 근원을 밝혀 보였다고 하는 것은 미륵보살의 현관장엄론(現觀莊嚴論)과 아티샤(阿底峽), 협(脇) 존자의 보리도등론(菩提道等論)이 그것이다. 대아사리 대밤까라사자나(아티샤·협)존자는 종성과 공덕이 원만하고 또 그 가르침이 원만하였다.

"종성이 원만하다"고 하는 것은 싸흘(薩賀) 동쪽 비가마니부라(金幢)시에 선승왕(善勝王)이 있었는데 부인 길상광(吉相光)과 함께 아들 셋을 낳았다.

태자 연화장(蓮華藏)은 5비(妃)와 9자(子)를 거느리고 있었고, 장자 복길상(福吉祥)은 다나시띠(陀那善)로 알려져 있으며, 막내 길상광은 비구 비야짼다(精進月)인데 둘째 아들 월장(月藏)이 지금 지존한 스승이 되어 있기 때문에 종성이 원만하다고 한 것이다.

다음 "공덕이 원만하다"고 하는 것은 가르침의 공덕과 이치대로 닦아 증득한 공덕이 원만하다는 말이다.

말하자면 21세에 64종의 문예와 29종의 무예에 능통하였고, 산스크리트와 성명학·인명학·공학·의학에 능통하였는데, 특히 15세에 정리적론(正理滴論)을 한 번 듣고 외도의 논리학자와 논쟁하여 그를 패배시켰기 때문에 그 이름이 세상에 드러나게 되었다.

그 후 흑산장전(黑山藏殿)에서 요가에 자재한 수승금강을 뵙고 수기를 받은 라후라구타(羅睺羅麴多)에게 관정을 받고 "지밀금강(智蜜金剛)"이라는 명호를 받게 되었다. 이제 본인은 더이상 배울 것이 없다 자신을 가졌는데 꿈에 다끼니(空行母)들께서 나타나 바다와 같은 밀교경전들을 보여주어 자만심이 없어졌다. 그 후 이담(밀교의 본존)들께서 꿈 속에서

"그대는 출가하면 부처님과 중생들께 큰 이익이 있을 것이다." 권하여 출가하였으므로 공덕이 원만하다 한 것이다.

그리고 "가르침이 원만하다"고 한 것은 그 후 출가하여 가행도(加行道)를 이루시고 삼매를 형성(대중부와 상좌부에 다 통하신) 계사 실라락시다에게 계를 받고 계명을 "연등지(蓮燈智)"라 받았다.

그 후 30세까지 갖가지 법상학(法相學)과 경론, 그리고 대비바사론(大毗婆沙論)을 오딴따뿌산의 스승 달라막시따에게 12년간 배우고 근본 4부(아함경)까지도 정통하여 버리고 취하는 것을 마음대로 하였다.

특히 그는 성문승 위치에 있으면서도 계를 야크의 꼬리같이 지키셔 빼어난 비구가 되었고, 피안에 계시면서 보리심으로 중생들을 버리지 아니하셨고, 나보다는 남을 위해 살으셨다.

또 요가의 핵심 아와 뚜우 띠따에 이르러 금강의 마음을 자재하셨고, 기억과 바른 앎(正知)으로 계율을 행하시어 엄숙하고 꾸밈이 없었으며, 떨어지는 허물에 오염되지 아니하였다.

또 사마타(止)의 문에서 마음대로 집중하고 칸조마(티베트 시인)들의 노랫소리를 듣고 공감하고 위빠사나(觀)가 더욱 깊어졌다.

그리하여 인도의 현교(顯敎)와 티베트의 밀교(蜜敎)에서 행해지는 모든 불법을 통달하여 보리도등을 저술, 아리에서 3년 네팔에서 9년, 중부 등에서 5년 동안 가르치고 포교하셨던 것이다.

말하자면 가려진 것을 벗겨내고 빠진 것을 보충하고 뒤집혀진 것을 바로 세우고 조금 남아 있던 것을 더욱 증장케 하였다.

대략 초기에 설산에 들어간 부처님의 가르침을 뺀댄시와초(寂護菩薩)와 빼마삼바바(구루린포체)가 가르침의 전통을 내세웠으나 공성(空性)은 확실히 이해하지 못함으로써 중국의 선사들에 의하여 불법이 쇠퇴하게 되었다. 그러나 대아사리 까마라쉴라께서 바르게 가르쳐 주셨기 때문에 후기 불교의 뒤바뀐 것을 바로잡을 수 있었다.

어중간히 공부하여 자만에 빠진 요가수행자와 역경사들이 도리어 불법을 해치게 하고 지혜를 막고 뒤집힌 것을 아주 없애 불법을 망하게 만드는 경우가 있었는데, 이 책의 저자 쫑객파께서는 부처님의 뜻을 더욱 선명하게 하고, 여러 논사들의 저술을 더욱 완벽하게 하며, 내불학(內佛學)뿐 아니라 성명·인명·공예·의학까지도 발전하게 하였으니 스승 가운데 스승이라 말하지 아니할 수 없다.

누구나 글을 쓰기는 쉽지만 행이 함께 이루어지기는 어려우며, 행하기는 쉬워도 그 행이 자리이타(自利利他) 자각각타(自覺覺他)에 충만하기는 더욱 어렵다.

그런데 이 책의 저자는 이 모든 것을 원만히 회향할 수 있게 되었으므로 "길상희금강·삼매의 왕·용맹자재자"란 이름으로 존경받게 되었으며,"가까이 있는 스승(쎈띠와와 쎄링, 바자뽀띠자나시)과 멀리 있는 스승(용수보살)에게까지도 빛이 나게 하셨던 것이다.

菩提道次第廣論目錄（兼科判表）

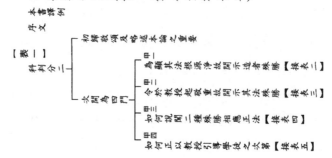

本書譯例

序文

【表一】
科判分二 ─
　初　歸敬頌及略述本論之重要
　次　開為四門 ─
　　甲一　為顯其法根源淨故開示造者殊勝【接表二】
　　甲二　令於教授起敬重故開示其法殊勝【接表三】
　　甲三　如何說聞二種殊勝相應正法【接表四】
　　甲四　如何正以教授引導學徒之次第【接表五】

【表二】

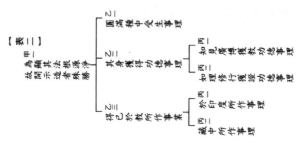

甲一　為顯其法根源淨故開示造者殊勝 ─
　乙一　圓滿種中受生理
　乙二　其身獲得功德理 ─
　　丙一　如何廣博教功德理
　　丙二　如何修行獲證功德理
　乙三　得已於教所作事業 ─
　　丙一　於印度所作事理
　　丙二　藏中所作事理

【表三】

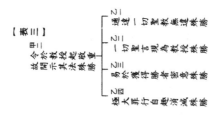

甲二　故令於教授起敬重故開示其法殊勝 ─
　乙一　通達一切聖教無違殊勝
　乙二　一切聖言現為教授殊勝
　乙三　易於獲得勝者密意殊勝
　乙四　極大罪行自趣消滅殊勝

【表四】

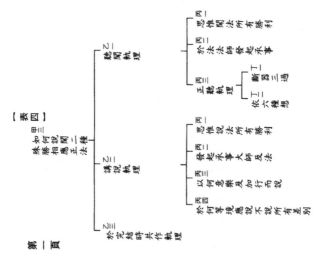

甲三　如何說聞二種殊勝相應正法 ─
　乙一　聽聞軌理 ─
　　丙一　思惟聞法所有勝利
　　丙二　於法法師發起承事
　　丙三　正聽軌理 ─
　　　丁一　斷器三過
　　　丁二　依六種想
　乙二　講說軌理 ─
　　丙一　思惟說法所有勝利
　　丙二　發起承事大師及法
　　丙三　以何意樂及加行而說
　　丙四　於何等境應說不說所有差別
　乙三　於完結時共作軌理

第一頁

2. 어떻게 설하고 들을 것인가

두 번째는 "어떻게 설하고 들을 것인가" 하는 문제다. 여기 네 가지가 있다.

첫째는 모든 불법을 상반(相反)되지 않게 이해시키는 것이고,
둘째는 보통 경전의 요지(要旨)만을 가르쳐 드러내는 것이며,
셋째는 부처님의 사상을 알기쉽게 이해시키는 것이고,
넷째는 큰 죄를 예방시켜 큰 복을 이루게 하는 것이다.

왜냐하면 불법은 원하는 것을 성취시켜 주되
① 알아야 할 것
② 제거해야 할 것
③ 얻어야 할 것
④ 닦아야 할 것
을 뒤바뀌지 않게 보여주고 있기 때문이다.

그러면 모두 상반되지 않게 이해하려면 어떻게 해야할 것인가. 중생의 근기는 천차만별하기 때문에 불법 또한 천차만별한 것이다. 그러므로 석보리심론(釋菩提心論)에서

"스스로 앎과 같이 다른 사람에게도 앎을 일으키고자 하는 자
는 지혜로운 행을 통해 착오없이 해야 한다."
하고 석량(釋量)에
"해탈과 일체지의 씨앗(因)을 모르고서는 그것을 말하기 어렵다."
하였다.

보살은 성문·연각·보살 그 어떠한 곳에 있더라도 불도를 이루
게 해야 할 의무가 있기 때문이다. 대승이기 때문에 소승을 업신
여긴다든지, 소승이기 때문에 대승에 나아갈 수 없다고 한다면
부처님의 참된 뜻을 이해할 수 없다. 부처님께서 깨달으신 "아뇩
다라삼먁삼보리"는 끊어야 될 것을 끊고 증득해야 할 것을 증득
하면 누구나 똑같이 함께 타(乘)게 되는 공덕의 배(船般若)가 되
기 때문이다.

부처님의 가르침은 크고 작고를 막론하고 바라밀 아닌 것이
없다. 그러므로 승금강정(勝金剛頂)에
"목숨을 위해서라도 보리심을 버리지 말아야 한다."
하였고, 금강정경(金剛頂經)에서는,
"배우는 자가 현교·밀교를 가린다든지, 공계(共戒)와 불공계(不
共戒)를 따진다면 바라밀다가 아니다."
하였다.

그러므로 도를 닦는 사람은 버릴 것은 확실히 버리고, 깨달음
을 얻는 사람은 확실하게 깨닫게 하되 거기에 미련을 두어서는
안 되는 것이다. 허공에는 벽이 없어 전후, 좌우, 상하가 없기

때문이다.

  그러면 경전의 요지는 어떻게 가르친다는 말인가.
  부처님은 일체를 깨달은 사람, 거기에 부족하고 넘치는 것이
따로 있으니 중생의 그릇 따라 꼭 알맞게 설하셨다. 그러므로 거
기에 보태고 뺀다는 것은 이치에 맞지 않다.

  요점은 그 말과 행에 달려 있다. 사실 논서(論書)는 외론(外論)
을 끊게 하기 위하여 많이 저술 되었고, 구결(口訣)은 속뜻을 드
러내기 위하여 저술되었다.

  마치 말달리는 사람이 목적없이 나서면 종일토록 방양(彷徉)하
여도 제자리를 벗어나기 어렵듯 불법을 공부하는 사람은 부처님
의 경전을 보고 그를 확증하여야 한다. 그래서
  "듣는 것과 생각에서 지혜가 난다."
  한 것이다.

  길을 건너가려면 먼저 서서(止) 신호등을 보라(觀). 그리하여
파란등이 켜졌으면 가라. 교통사고가 나지 아니하게 말이다. 이
것이 지관정려(止觀靜慮)다.

  논사의 가르침은 경부를 잘못 이해한 사람에게 필요한 것이다.
구부러진 길을 바로 가는 것, 막힌 길을 뚫어주는 것이 곧 논부
가 하는 일이다.

그러나 구부러진 길을 바로 가는 것만이 능사가 아니다. 돌아가는 길에는 바로 가는 길에서 보지 못하는 여러가지 경계가 있다. 보지 못한 것을 볼 수도 있고, 듣지 못한 것을 들을 수도 있기 때문에 바로 가는 것만이 능사가 아니다. 그러므로 불법은 편하고 쉽게만 얻으려 해서는 안 된다. 잘못하면 눈에 보이지 않는 것을 놓쳐버릴 수 있기 때문이다.

　부처님의 가르침은 다같이 성불하는 것을 가르쳤으나 복이 부족한 사람은 복만 구하게 하고, 지혜가 부족한 사람은 지혜를 구하게 하였기 때문에 허물이 부처님께 있는 것같이 느껴지지만 사실 부처님은 복과 지혜를 겸비한 양족존(兩足尊)이므로 정법을 버리는 업장을 지어서는 안된다. 이것이 큰 죄다.

　불법 속에는 성문도 있고 연각도 있고 독각도 있다. 한 가지만 치우쳐 닦고 나머지를 버리는 것은 항사보탑을 허물어 버리는 것과 같다.

　그러면 어떻게 법을 들어야 잘 들은 것인가.
　법을 들어 알면 죄에서 벗어나고 의미없는 짓을 하지 않게 된다. 법을 들으면 마음이 평온하므로 보지 못하는 것을 보게 하고, 깨끗하고 더러운 것을 알아 가까이 해야 될 것과 해서는 안 될 것을 구분하게 된다. 이것이 청법의 이익이다.

　법을 듣고 믿어 기쁨을 얻게 되면 그 속에서 지혜가 생기고 무지가 사라진다. 마치 그것은 어두운 방에 등불이 켜지는 것 같아 귀한 보배를 도둑맞지 않게 되고, 미혹의 원수를 꺾는다. 가난한 사람이 음식을 얻는 것 같고, 죄의 무더기에서 명예와 길상을 얻는 것 같다. 병든 사람이 부작용 없는 약을 먹는 것과 같다. 고귀한 사람을 만나면 최상의 선물을 얻은 것처럼 태어난 곳에서 작은 어려움도 없게 된다.

그래서 부처님은 만나기 어렵고 선지식을 뵙기 힘들다 한 것이다. 엎어진 그릇은 비가 와도 물이 고이지 않듯 탐욕과 성냄, 어리석음에 젖어있는 사람은 법을 들어도 이익될 것이 없다.

법을 들은 자는 설법자를
① 의사와 같이 생각하고
② 가르침을 약으로 생각하며,
③ 오래된 병에는 많은 의약과 장기치료가 필요하듯 업장이 짙은 사람은 갖가지 공덕으로 몸과 입과 뜻에서 일어난 병을 치료하여야 한다고 생각하여야 한다.

일생일대에서만 그치는 것이 아니고 세세생생 치료되어야 한다는 것을 깨달아야 한다.

그래서 부처님은 백억 아승지겁에서 보살행을 실천하였던 것이다. 때로는 장자·거사가 되기도 하고, 바라문 관리가 되기도 하고, 때로는 초목총림 비금주수가 되기도 하며, 사람들이 하기 어려운 일들을 끝까지 실천하여 일체종지를 얻고 10력(力)과 4무소외(無所畏)로서 흔들림없는 자비(慈悲)를 실천하였던 것이다.

그러면 어떻게 설법해야 할 것인가. 논에서는 이것을 네 가지로 설명하고 있다.

첫째는 법을 설하는 이익,

둘째는 부처님의 가르침을 공경하는 것,

셋째는 그때그때 장소를 따라 말하는 것을 구체적으로 말하고 있다.

첫째, 설하는 이익을 말한다면 자신을 받들고 받들지 않는 사람, 명예가 있고 없는 사람, 재물이 있고 없는 사람을 가리지 말고 가르쳐야 한다고 하였다.

그러므로 권발증상의요(勸發增上意樂)에 법보시를 할 때는
① 기억에 있는 것과 없는 것
② 닦아서 생긴 지혜와 우치한 것
③ 용기
④ 확고한 신념
⑤ 사유의 깊고 얕음
⑥ 세간에서 벗어난 것과 벗어나지 못한 것
⑦ 탐욕의 다과(多寡)
⑧ 분노의 대소(大小)
⑨ 어리석음의 광협(廣狹)
⑩ 마귀에 걸릴 가능성 여부
⑪ 여래의 호념(護念)
⑫ 신들의 가호(加護)
⑬ 비인(非人)들의 보호

⑭ 친구들의 유무(有無)

⑮ 고독한 상태(狀態)

⑯ 청탁의 언어(言語)

⑰ 공포심과 사랑심

⑱ 즐거움과 괴로움

⑲ 지혜와 우치

⑳ 칭찬과 헐뜯음에 관계하지 말고 설법해야 한다고 하였다.

둘째, 부처님의 법을 공경한다는 것은 부처님의 법좌(法座)와 가르치신 분의 공덕·은혜를 따라 익히며 공경하는 것이다.

그러므로 해혜문경(海慧門經)에

① 의사와 환자, 약과 병자의 입장에서

② 완전한 자와 불완전한 자의 입장에서

③ 타인의 높은 것에 대한 질투와 나태, 피곤을 핑계하여 허풍을 떨거나 허물을 말하거나 법을 감추고 음식과 의복, 재물에 대하여 편견을 가지면 되지 않는다 하였다.

왜냐하면 이렇게 몸과 마음을 깨끗이 하면 마(魔)와 신(神)들이 범접하지 못하고 질투의 대상이 되지 않으며, 먹을 것과 마실 것, 남녀 이부자리 등과 병, 약 등 용구(用具)에 대한 생각을 하지 않음으로써 공경과 사랑을 일으킬 수 있기 때문이다.

또 때와 장소에 따라서 설하여야 될 것과 설하지 아니할 것은

① 청정하지 아니하면 설법하지 말고

② 그릇이 아니면 말하지 말아야 한다.

그러므로 삼매왕경(三昧王經)에
"설사 청법하셨을지라도 자리에 오르면 저는 많이 배우지 못했습니다."
하고,
"덕 높으신 어른들 앞에 네가 감히 말씀드릴 수 있겠습니까."
겸손하게 말해야 한다 하였다.

그러기 때문에 비나야경(毘奈耶經)에서는
① 앉은 자에게 서서 설법하지 말라.
② 누운 자에게 앉아서 설하지 말며,
③ 높은 자리에 있는 자에게 낮은 자리에서 설하지 말고,
④ 좋은 자리와 나쁜 자리, 앞서거나 뒤서서 머리를 가린 자와 소매를 걷어 올린 자, 팔짱낀 자와 깍지 낀 자, 머리카락이 흐트러진 자와 모자 쓴 자, 코끼리·말 탄 자, 가마 탄 자와 가죽신 신은 자, 막대기·우산·병기·무기를 가진 자와 갑옷을 입은 자는 잘 가려서 설법하라. 불가피한 경우에는 예외가 된다 하였다.

어떻든 이렇게 설법하고 들어서는 문자나 지식만 높히지 말고 서원이 꽉 찰 때까지 꾸준히 진행하라 하였다. 초하루부터 보름까지 잘못이 없으면 보름 속에서 한 달이 가고 한 달 속에서 한 해가 가 찌꺼기는 떨어지고 알곡만 남는다 하였다.

그래서 잘 되지 않으면 선지식을 찾아가 묻고 허물이 어느 곳에 있는가를 판단하여 버릴 것은 버리고 취할 것은 취해야 한다 하였다.

그러므로 보리도등론(菩提道燈論)에 다음과 같은 게송이 있다.

敬禮三世一切佛
경 례 삼 세 일 체 불

삼세일체
부처님과

及彼正法與衆僧
급 피 정 법 여 중 승

바른 법
그리고 스님들께 경례합니다.

應賢弟子菩提光
응 현 제 자 보 리 광

마땅히 이 제자의
깨달음의 빛이

勸請善顯覺道燈
권 청 선 현 각 도 등

거룩한 깨달음의 등불로
나타나기 바랍니다.

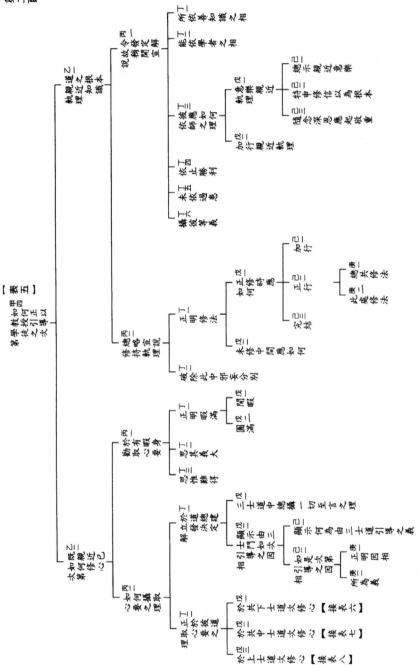

第二頁

【表五】

- 甲四 如何正以教授引導學徒之次第
  - 乙一 道之根本親近知識軌理
    - 丙一 令發定解故稍開宣說
      - 丁一 所依善知識之相
      - 丁二 能依學者之相
      - 丁三 彼應如何依師之理
        - 戊一 意樂親近軌理
          - 己一 總示親近意樂
          - 己二 特申修信以為根本
          - 己三 隨念深恩應起敬重
        - 戊二 加行親近軌理
      - 丁四 依止勝利
      - 丁五 未依過患
      - 丁六 攝彼等義
    - 丙二 總略宣說修持軌理
      - 丁一 正明修法
        - 戊一 正修時應如何
          - 己一 加行
          - 己二 正行
            - 庚一 總共修法
            - 庚二 此處修法
          - 己三 完結
        - 戊二 未修中間應如何
      - 丁二 破除此中邪妄分別
  - 乙二 既親近已如何修心次第
    - 丙一 於有暇身勸取心要
      - 丁一 正明暇滿
        - 戊一 閒暇
        - 戊二 圓滿
      - 丁二 思其義大
      - 丁三 思惟難得
    - 丙二 如何攝取心要之理
      - 丁一 於道總建立發決定解
        - 戊一 三士道中總攝一切至言之理
        - 戊二 顯示由三士門如次引導之因相
          - 己一 顯示何為由三士道引導之義
          - 己二 如是次第引導之因相
            - 庚一 正明因相
            - 庚二 所為義
      - 丁二 正於彼道取心要之理
        - 戊一 於共下士道次修心【接表六】
        - 戊二 於共中士道次修心【接表七】
        - 戊三 於上士道次修心【接表八】

3. 선지식을 친근하라

도의 뿌리는 선지식에게 달려 있고, 선지식을 의지하는 마음은 제자에게 달려있다.

그러므로 섭결정심장(攝決定心藏)에

"큰 뜻을 실천하고자 하는 자는 올바른 스승에게 의지하라."

하였고,

"핵심의 구결(口訣)은 첫째 선지식을 놓치지 않는 것이다."

하였다. 공덕이 하나 일어나면 제자의 허물이 하나 감소해지기 때문이다. 착하고 즐거운 일이 생기면 악하고 괴로운 일이 줄어든다.

모든 보살행은 얻은 것과 완전히 갖추는 것, 그 같은 바라밀과 지위·인욕·선정·신통·다라니·변재·회향·기도를 성취하는 법이 모두 선지식에게서 나타난다. 스승은 뿌리이고 가지고 잎이고 꽃이고 열매다. 스승이 없이는 나의 종자가 좋은 밭에 심어질 수도 없고, 그 밭에서 자라 뿌리를 뻗고 성장할 수도 없다.

그러므로 뽀뜨와께서 "해탈의 성취는 스승보다 더 중요한 것이 없다."

하였다.

그러면 선지식에게 어떻게 의지하여야 되는가. 먼저

① 선지식이 무엇인지

② 제자는 어떤 분인지

③ 제자가 스승을 어떻게 의지해야 하는지

④ 그렇게 의지하면 어떤 이익이 있는지

⑤ 의지하지 아니하면 어떤 허물이 있는지

이들의 뜻을 간단히 요약해서 말해 보겠다.

모든 경론은 각기 중생의 근기를 따라 설해져 있다. 소장부·중
장부·대장부, 이들 중생의 근기를 아는 것도 선지식이고, 그들
근기에 알맞는 법문을 베풀어주는 것도 선지식이기 때문에 선지
식은 도 닦는 사람에게는 길잡이와 같다.

그래서 장엄론(莊嚴論)에서는 선지식을,

"조복(調伏) 적정(寂靜) 수승공덕(殊勝功德) 근면(勤勉) 풍부한
가르침(敎) 공을 증득한 뛰어난 언변 자비의 성품이다."

하였다. 선지식을 의지하면 힘들이지 않고 험한 길을 통과할
수 있기 때문이다.

그러므로 남을 지도하는 선지식은 먼저 자신을 조복하고 적정
히 하며, 수승한 공덕을 쌓고 부지런하고 넉넉한 가르침과 빈 마
음을 증득한 자이어야 한다고 하였다. 저 혼자 선지식이 된 사람
에겐 이런 이익이 없이 이런법이 없이 계·정·혜를 보배로 여기지
않기 때문이다. 거친 말들을 길들이는데는 날카로운 못과 백개의
재갈이 필요하다. 행 아닌 행에 들어가면 제거해야 되고, 많은
정진을 행하게 하려면 계율의 풀을 먹여야 한다.

고요히 비추어 보면 바른행과 그른 행, 취하고 버릴 것이 바른 지식속에서 알려져 조용히 머물므로 정학(定學)은 저절로 이루어진다. 마음이 적정하면 선행이 저절로 따라 사마타(三昧)를 이룸으로써 옳고 그름을 판단하는 지혜가 생기게 된다.

이렇게 3학이 이루어지면 교학이 풍부해진다. 예전에는 들리지 아니했던 것이 들려지고, 보지 못했던 것이 보여지게 된다. 이것이 "경·율·논 3장에서 많은 것을 듣게 된다."한 것이다. 대승을 가르치는 스승은 설법을 통해 끝없는 이해를 돕고 그것을 실천하게 하여 큰 이익을 얻게 한다.

공(空)은 특별한 혜학(慧學)의 법·무아(人無我·法無我)를 증득한 사람에게서만 실천될 수 있다. 똑같은 논리로서 증득하였다 하더라도 선지식은 제자보다 낮거나 서로 같아서는 아니된다. 왜냐하면 무식한 선지식에 의지하면 사람들이 쇠퇴해지고 앎이 같은 사람에게 의지하면 그 이상 나아가지 못하게 되기 때문에 가장 높은 사람에게 의지해야 하나니, 계율과 적정(禪)·지혜를 갖춘 이를 가장 높은 사람이라 하고, 그에 의지한 사람이 주존(主尊)이 될 수 있다.

이것이 선지식의 자격이며 뜻이다. 그러나 선지식이라고 다 선지식이 되는 것이 아니다. 왜냐하면 모든 죄업은 물로 씻을 수 없고 중생의 고통을 손으로 없애지 못하며 그 분이 깨달음을 남에게 옮기지 못하고 법신의 진실한 가르침만으로 벗어날 수 없기 때문이다. 흔히,

일쇄동방결도량(一灑東方潔道場)
이쇄남방득청량(二灑南方得淸凉)
삼쇄서방구정토(三灑西方俱淨土)
사쇄북방영안강(四灑北方寧安康)

하는데 그것은 형식일 뿐이다. 자비의 설법과 공경과 사랑은
그 속에서 이루어지지 않기 때문이다. 그러므로 뽀뜨와가 말했다.
"이런 법을 설했어도 어떠한 이익을 얻기 위하여 설한 적은 없
다. 고통없는 중생은 없기 때문이다."

근면은 남을 위해 기쁘게 하는 것이다. 힘들어 함이 제거되면
거듭거듭 설해도 피로하지 않다. 설한 힘든 행을 참을 수 있기
때문이다. 미련한 사람도 3학과 공성을 증득하면 자비심이 저절
로 나온다. 특별히 많은 경론을 보고 듣고 힘든 것을 억지로 참
고 단번에 뛰어나지 아니했다 하더라도 공양 보시를 찬탄하는 말
한마디 아니 그와 비슷한 행으로써 사람들을 즐겁게 할 수 있다.

그러나 좋은 전단향은 아무데서나 냄새를 피우지 않는다. 삼매
속에서만 나타나기 때문이다. 비구들은 다문(多聞)을 찬탄하면 계
율을 추구하지 않는다. 마치 바퀴 빠진 수레는 가지 못하고 바퀴가
하나뿐인 수레는 많은 짐을 실을 수 없듯 도반 없는 수행자는 오
래 가기 어렵다. 굶주림과 목마름 번뇌를 참고 많은 신을 받들어
모신 바라문과 같이 총기 있는 은혜 속에서 은혜를 갚아야 한다.
이 같은 공덕이 빠지면 가르치는 이도 배우는 이도 가르치는
스승과 똑같이 될 수가 없다.

그러면 배우는 자는 어떻게 해야 하는가. 중도의 지혜를 갖추어 추구해야 한다. 듣는 그릇은 설하는 자의 말을 담아낼 수 있는 능력을 가지고 있다. 알면 안다 모르면 모른다 가르치는 자가 그 마음을 알듯이 듣는 자도 잘 안다.

중도란 한 쪽에 치우치지 않는 것이다. 한 쪽에 치우치면 다른 한 쪽의 말씀이 들리지 않는다. 말하자면 종파나 종교, 사상에 전도됨이 없어야 중도를 이룰 수 있다. 본인의 욕구를 버리고 전승자와 아사리의 말씀에 귀를 기울이는 사람이 남(스승)을 공경할 수 있다.

중심에 머물지도 바른 말·바른 길, 나쁜 말·비슷한 길을 분별할 수 없으면 온전한 그릇이 되지 못한다. 이런 경지에 이를지라도 그림 속의 물건을 보는 것처럼 실제 쓰려면 쓸 수 없는 경우도 있다.

제자가 스승을 의지할 때는 사람을 가리지 않는다. 출가자건 재가자건 같은 종교인이건 다른 종교인이건 바른 법이면 듣고 올바른 것이면 행한다.

왜냐하면 총체적인 법에는 은혜가 들어있기 때문이다. 이는 자신을 버리고 온전히 선지식의 마음 속에 들어간 자야라만 할 수 있는 일이다. 물에 빠진 사람을 건지는 데는 나, 내 것을 가릴 필요가 없다. 일단 구제하고 보는 것이다.

땅 같은 마음, 그때의 짐은 짐이 아니고 장엄이다. 째아와가 룩바 욘덴발사에 있을 때 너무 추워 견딜 수 없자 "저희 스승 숀

누착께 가야 할까요?"

　물으니

"편안한 침상 천상의 방에 머물러도 이보다 더 좋은 것은 없을 것이다."

　하는 말씀을 듣고 하인같은 마음으로 살았다.

　그 후 그는 옷을 빨고 웅덩이를 청소하고 마른 흙을 덮어 앉게 하자

"아, 인도에는 당신 같은 사람이 있다."

　하고,

"아만의 풍선에는 공덕의 물이 고이지 않습니다."

　하였다. 봄날의 따뜻한 기운은 산봉우리에만 오는 것이 아니다.

　이렇게 해서 스승과 제자가 서로 믿고 살게 되면 모두가 친어머니처럼 되어 큰 물도 건너갈 수 있고 높은 산도 오를 수 있다. 믿음은 혼탁을 없애고 아만을 제거하고 공경의 뿌리가 되기 때문이다. 믿음은 광산, 먼길을 걸어가는 발, 무엇이나 쥐어 잡을 수 있는 손과 같다.

　그러므로 제자 되는 사람은 스승의 허물을 보지 말아야 한다. 계율이나 다문(多聞) 혹은 믿음의 공덕, 그 어느 쪽에만 마음을 쏟는 사람은 솥의 세 발과 같이 될 수 없다. 중도를 지키고 지식과 상식(常識)을 이해하고 지혜를 투득(透得)하는 사람만이 보리의 자량(資糧)을 얻을 수 있다.

　은혜를 따르면,

　① 오랫동안 윤회에서 벗어날 수 없고

　② 무명에서 깨어날 수 없으며

③ 망망대해에서 헤어나지 못하고

④ 악도에서 벗어나지 못하며

⑤ 생사의 감옥에서 헤어나지 못하고

⑥ 오랜 질병에서 쇠약하게 되며

⑦ 탐욕의 불길에서 벗어나지 못한다.

하였고, 선지식은

① 나를 낳아준 어머니 같고

② 나를 길러준 유모와 같으며

③ 나를 깨닫게 한 도반이고

④ 해(害)를 막아준 어른이며

⑤ 노사(老死)를 벗겨준 의사이고

⑥ 감로비를 내려주는 제석과 같으며

⑦ 어두운 밤에 달빛

⑧ 흐린 세상에 태양과 같다.

⑨ 만물이 의지하는 산,

⑩ 파도속의 배

⑪ 세간을 구하는 용사

⑫ 안락을 주는 구세주다.

그렇다면 그 은혜를 무엇으로 갚을 것인가. 존중오십송(尊重五十頌)에

① 스승이 기뻐하는 것을 하고

② 좋아하지 않는 것을 버리고

③ 성취하는 스승을 본받으라.

④ 재물을 올려서
⑤ 목욕 안마 병수발을 통해서
⑥ 어긋나지 않는 행을 통해서 친부모와 같이 섬겨라.

이렇게 의지하면 스승과 꼭같이 될 것이고 그렇지 아니하면 허물을 낳을 것이다. 유순한 모습으로 가까이 모시면 마치 이슬에 옷이 젖듯 자기도 모르는 사이에 선지식에 가까이 갈 것이고, 그렇지 않고 이용만하면 그도 또한 자식과 제자에게 도둑맞은 사람이 될 것이다.

① 나쁜친구는 독사와 같고
② 방탕한 사람은 절벽에 떨어진다.
③ 믿음 없고 인색하고
④ 거짓말 이간질 하는 자는
⑤ 아무리 어진사람이 옆에 있어도 소용이 없다.
⑥ 화살통에 독 바른 화살 넣으면 독 바르지 않는 화살까지 독이 묻는 것과 같다.

4. 여가를 즐기는 원만한 생활

사견(邪見)이 많으면 축생이 되고, 지옥·아귀에 떨어지며,
말없이 오지(奧地)에 태어나면 야만인으로서 우매(愚昧)하게
된다.
혹 장수천에 태어나더라도 하는 일없이 허송세월 하나니
이것이 여유있는 사람의 생활이다.

이런 사람들은 전·후세의 인과를 믿지 않고 3보도 불신,
뒤바뀐 생각으로 취해야 될 것과 버려야 될 것을 알지 못하는
까닭에 정법을 믿지 않는다.

3악도는 법의 마음이 생기기 어렵고 조금 생겨도 고통과 핍박
때문에 오래가지 못하며,
무상(無想)·무색(無色)의 장수천은 심(心)과 심소(心所)가 없어
생각도 없고 색도 없으며,
욕계천은 욕심 때문에 산만하여 한가한 날이 없다.

자기만족에 빠진 자는 중립에 서서 무간업(無間業)을 짓지 않
고 핵심을 믿으며 4부대중이 다니고 있는 땅에 태어난다. 누가

시키지 않아도 세간 출세간에서 벗어나 백법(百法)을 실천함으로써 계를 지키고 경과 논으로서 마음을 원만하게 쓴다.

또 남을 원만하게 해주는 사람이 있는데 불법의 가르침, 성불법을 믿고 열반에 이를 때까지 정법을 믿고 구체적인 방식으로 행하는 법이 쇠퇴하지 않는 법, 그런 장소에 태어나 그러한 법을 실천함으로써 남을 원만하게 하기 때문에 이러한 사람은 큰 자비를 베푸는 사람이라 한다.

위와 같이 자기 원만과 남의 원만을 통해 결정적인 즐거움 속에 여가가 원만한 삶을 실천하는 사람을 행복한 사람이라고 할 수 있다. 고통을 제거하는 법은 축생도에도 있다.
어떤 코끼리가 우물가에 자란 몇가닥 풀에 뜻이 탐착하여 얻는 것도 없이 언덕에서 떨어져 죽으니 안락을 갖기 원하는 사람과 무엇이 다르랴!

이 몸은 중생을 이끄는 도구이고 선(禪), 용(龍)이 될 수도 있다. 그러므로 사람들은 고통 속에 죽으면서
"당신은 선도에 태어나시오."
하고 축원한다.

그러므로 욕계에서는 도를 볼 수 없고 색계 무색계에서는 도를 볼 수 없다. 그래서 사람으로 태어나야 도를 쉽게 이룰 수 있다 한 것이다.

그런데 같은 사람이어도 동 섬부주, 서 구야니, 북 울단월은 먹고 싸우고 놀기에 급급하여 계를 지키기가 어렵다. 그래서 남 섬부에 태어난 사람이라야 의·식·주에 걸림없이 도를 닦을 수 있으므로 성불하기 쉽다 한 것이다.

그러나 섬부주에 태어난다 하더라도 여가를 얻어 선을 읽히고 공부하지 아니하면 그 무지가 어디로 가겠는가. 숨 떨어질 때에서야 비로소 지옥 불, 아귀 몸, 축생들 앞에서 눈물을 흘리나니 어떻게 생각이 다했다 할 수 있겠는가.

그러므로 입보리심론(入菩提心論)에

"나의 이 같은 행으로는 사람 몸 얻지 못한다.
사람 몸 얻지 못하면 오직 죄만 지을 뿐 선이 없다.
선을 짓지 못하면 악도에 떨어지나니
그때는 내가 무엇을 할 것인가.
맹구우목(盲龜偶木), 눈 먼 거북이 구멍뚫린 나무 만나듯
사람으로 태어난 것을 천만다행으로 생각하고 공부하라."
한 것이다. 이것은 요가대사께서 쩬아와에게 하신 말씀이다.

사람들은 공부 중에 이 핑계, 저 핑계, 온갖 핑계 속에서 허송 세월을 하고 있다. 조금 더 먹어봤자 별 것이 없고, 조금 더 부드러운 것 입어봤자 별 것이 없으며, 조금 더 찬란한 집에 살아봤자 결국은 그것을 버리고 떠나게 되는데 그 떠날 것을 생각하지 못하여 또 다른 집을 짓는다.

조상은 조상 복으로 살고, 자손은 자손 복으로 살 것인데 두 곳을 생각하다가 도리어 자기 복까지 잃어버린다. 이것이 진짜 효자고 어진 아버지라 할 수 있겠는가. 진기한 음식, 부드러운 옷, 꽃 속의 집 속에 살면서도 부모와 자식, 형제를 잃지 않고 자신을 위해 공부할 수 있는 사람, 이 사람이 진짜 공부하는 사람이다.

5. 입선할 때의 주의사항

수행의 방법에는 두 가지가 있다.
첫째는 뿌리를 배양하는 방법이고
둘째는 사견(邪見)을 막는 방법이다.

처음 입선(入禪)할 때는
① 먼저 방을 청소하고
② 부처님 상을 바르게 모시고
③ 진실한 마음으로 공양을 올리고
④ 외관(外觀)을 가지런히 한다.

성문지(聲聞地)에서는
① 혼침을 경행으로 막고
② 결과부좌로 앉아 욕망을 다스린다.
③ 허공의 관대행, 바다의 깊은 생각을 하고
④ 성문·연각·호법신장이 나를 바라보고 있다는 생각을 하고
   참회한다.

시방 3세 부처님과 보현보살님께 소리 높여 찬탄 예배하고 향

과 꽃과 등·옷 등을 올리며 탐진치 3독으로 지은 죄를 참회한다. 그리고는 찬탄·공양·예배한 공덕을 모두 보리에 회향한다.

이렇게 몸과 입과 뜻을 보현행과 낱낱의 티끌에게 예배하여 공양하고 참회하고 기뻐하고 법륜을 굴리고 기뻐 회향하면 쌓고 제거하고 늘리는 가운데서 모든 장애가 사라져서 무아를 형성한다.

모든 번뇌는 생각 속에서 만들어졌기 때문에 역시 시작과 끝이 없다. 시작과 끝이 없는 줄 알았으면 그 동안의 터전을 기억하며 부처님 땅에 심은 보리의 종자를 배양하여 계율과 선정·지혜를 길러가야 한다. 그래서 거기서 얻어진 선·원(善·願)으로 잘못된 습관을 고쳐 외풍(外風)에 흔들리지 말아야 한다. 견고해지면 장애가 없어지기 때문이다.

방선(放禪) 하여서는 기억과 정지(正知)를 의지하여 순연(順緣)을 따르고 역연(逆緣)을 멀리한다. 계율을 울타리로 하여 사마타·위빠사나를 음식의 절제와 요가로써 단련한다.

① 6근을 잘 지키고
② 성현들의 행을 기억하여 항상 엄숙하며
③ 경계에 끄달리지 말고
④ 지식과 상식에 걸리지 말라.

이렇게 하면 모든 것이 바로 알아져 가나 오나 가사와 발우를 사용하는 일이 바르게 되고, 탁발하여 먹을 것까지도 바르게 될 것이다.

절 안에는 상·중·하 대중이 질서를 지키고 경전을 들을 때는 확실히 이해하고 밤과 낮, 자고 깨었을 때도 바르게 아는 것을 잃지 아니할 것이다.

그렇게 하면 오고가는 일이 방향 따라 시간 따라 행위 따라 질서가 지켜질 것이며, 몸과 입과 뜻을 단속하지 아니하여도 저절로 될 것이다.

음식의 절제는 많던지 적던지, 부르던지 고프든지, 자기 분수에 맞추어야 할 것이고, 호흡 또한 하든지 않든지 자기도 알 수 없는 것이다.

몸을 지탱하기 위해 받아 먹고 있는 음식은 배부르기 위해서 교만하기 위해서 살찌기 위해서가 아니기 때문에 탐욕과 분노가 일어나지 않는다.

잘 때는 조용히 밖으로 나가 발을 씻고 들어와서 오른쪽 옆구리를 땅에 대고 왼쪽 다리를 오른쪽 위로 포개고 사자처럼 잔다. 그렇게 하면 몸이 평평하고 기억력을 잃지 않고 혼수(昏睡)하지 않아 어두운 생각이 없으므로 나쁜 꿈을 꾸지 않는다.

잠을 잘 자고 일어나면 부처님처럼 정진심을 잃지 않고 수행하는 마음이 생긴다. 도를 닦을 때 지관 정제를 기본적으로 행하지만 때를 따라서는 법문을 듣기도 하고 경론을 보기도 하여 나의 경계가 어느 정도에 이르렀는지 점검할 필요가 있다.

닦는다는 것은 복분(福分)이고 일의 판단이다. 확고한 신념과 사랑이 불어나게 하는 것인데 거기서 길을 보고 굴곡된 길을 수선한다.

물론 그 기준은 4무량심이 기본이다. 보시·애어·이행·동사, 자·비·희·사, 과연 베푸는데 인색함이 있는가, 사랑스럽게 말하고 있는가, 남을 이롭게 하고 있는가, 남만 시키지 않고 함께 일하고 있는가, 내 몸을 사랑하듯 이웃과 세계, 자연을 그렇게 사랑하고 있는가, 불우을 보고 불쌍한 마음을 일으키고 있는가, 공부와 행에 있어서 기쁨이 있고 불도를 위해 통째로 바치고 있는가를 점검해 보면 나의 수행이 어느 정도 되어있는가를 짐작할 수 있다.

인과를 믿고 인연을 소중히 여겨 후회하는 마음이 없으면 삶의 보람과 영광을 얻게 된다. 바늘 세공이 금은을 계속 불에 달구어 씻으면 찌꺼기가 다 떨어져 빛이 나듯 우리의 마음도 갈고 닦고 또 쪼고 쪼아 번뇌·고난·탐냄·성냄이 떨어지면 가볍고 즐겁고 환희속에서 세상의 고통을 벗어나게 된다.

법을 설할 줄 아는 이가 들을 줄을 알듯이 고난 속에서 정진한 사람이 게으르고 포악한 사람들을 맞아들일 수 있는 힘을 가지게 된다. 이것이 수행의 공덕이고 이익이다.

사실 공부가 어느 정도 익어가게 되면 자기도 모르게 흔드는 마음(掉擧) 탐욕이 생겨 공부에 대한 욕심 때문에 다른일을 소홀히 하고 싫어 떠나는 경우가 많다.

그러나 실제로 공부를 잘하는 사람은 흔들림이 없고 혼침에 빠지지 않으며, 이것저것 핑계 삼아 자리를 피하지 않는다. 듣고 생각하고 실천하는데 상반된 마음이 생기면 사견(邪見)에 빠지기 쉽기 때문이다.

6. 세 가지 부류의 공부법

공부하는 사람은 그 근기를 따라 상·중·하 부류로 나누어 볼 수 있다. 그러나 그들이 구하는 결과를 놓고 보면
첫째, 자신의 안락만을 추구하는 하근기 성문승(聲聞乘)이 있고
둘째, 해탈의 자유를 구하는 중근기 독각승(獨覺乘)이 있으며
셋째, 금생의 복이나 내생의 복만을 추구하지 않고 다함께 성불하기를 바라는 상근기 보살승(菩薩乘)이 있다.

이 세상에서는 복덕이 충만하고
내생에서는 안락정토에 태어나기를 바라는 사람

〈성문승〉

생사를 등지고 악업을 그치고
자신의 적정을 추구하는 사람

〈독각승〉

자기 마음이 고통인 것을 깨닫고
누군가 남의 고통까지 다하기 바라는 사람

〈보살승〉

그러나 이 셋이 결정되어 있는 것이 아니다. 전생부터 오랫동안 닦아온 사람은 태어나면서부터 보살승이 되지만, 그렇지 못한 사람은 범부중생의 생활을 하다가 범부중생들의 고통하는 모습을 보고 돈을 벌어 좋은 일 해야 되겠다는 정각을 가지면 성문승이 되고, 그 성문승 가운데서도 늙고 병들고 죽는 사람들의 모습을 보고 그러한 고통에서 벗어나야 되겠다는 생각을 가지면 독각승이 되고, 거기서 다시 나만 벗어날 것이 아니라 모두 함께 깨달음의 세계에 나아가 다시는 생사없는 열반에서 함께 평화롭게 살리라(常共和)하면 보살승이 되는 것이다.

해치지 않고 깨끗한 마음으로 주고받아
즐겁게 살면 이것이 선도(善導)이고

윤회의 고통 보고서 진리의 도를 닦아
적정한 행 실천하면 이것이 독각이다.

일체법이 공한 도리를 깨닫고
중생에게 사랑의 물을 뿌리면 이것이 보살이다.

〈修世俗菩提心論〉

여기서 소장부와 중장부, 대장부가 생긴다.

누가 파초 같은 알갱이 없는 물집을 보고
수미산 같은 높은 봉을 외면할 것인가.

정법의 등불은 여유있는 사람들이 켜는
망망대해의 등대이다.

만일 한생각 깨달았다면
누구나 윤회의 감옥에서 벗어난 대장부가 되리라.

〈中觀心論〉

그런데 이렇게 생사의 감옥에서 벗어나려 하는 사람은 먼저
보리심을 발해야 한다. 보리심이 없이는 보살이라고 할 수 없기
때문이다.

보리심을 일으키면, 먼저 악도에 떨어지지 않고 다음에 언제나
선도에 난다.

여기서 잠깐동안 복보를 희망하는 소장부와 구경락을 희망하는
중장부가 있다. 그렇기 때문에 대승에 들고자 하는 사람들은 여
러가지 방편으로 많은 선을 행하면서도 보리심을 발한다.

사람들은 유정속에서 솜털처럼 흔들리면서도 원만한 복덕과 자
비를 실천하기 위하여 갖가지 서원을 세우고 있다.

꿈에도 생각하지 못했던 일을
나는 이제 이타행을 통하여 나는 새롭게 깨달을 수 있었다.

〈入菩提心論〉

자비심이 일어나면 간탐심이 없어지고
선행을 하다보면
악행은 저절로 잦아든다.

여기서 스승은 바르게 가르치고
제자는 확신을 얻어야 한다.
그래서 부처님도 원하지 않았던가.

① 원아영리삼악도(願我永離三惡道) 영원히 3악도를 여의고
② 원아속단탐진치(願我速斷貪瞋癡) 속히 탐진치를 끊고
③ 원아상문불법승(願我常聞佛法僧) 항상 불법승을 받들고
④ 원아근수계정혜(願我勤修戒定慧) 부지런히 계정혜를 닦아
⑤ 원아항수제불학(願我恒隨諸佛學) 항상 제불학을 배우고
⑥ 원아불퇴보리심(願我不退菩提心) 보리심에 물러나지 않고
⑦ 원아결정생안양(願我決定生安養) 결정코 안양국에 태어나
⑧ 원아속견아미타(願我速見阿彌陀) 속히 아미타를 뵙고
⑨ 원아분신변진찰(願我分身遍塵刹) 세계에 온갖 몸을 나누어
⑩ 원아광도제중생(願我廣度諸衆生) 널리 중생을 제도하겠습니다.

①②는 악도를 막고 ③④는 선행을 기른 일이고 ⑤⑥은 보리
심을 발하고 ⑦⑧은 법신을 본 것이고 ⑨⑩은 자비를 실천한 것
이다.

그러므로 입중론(入中論)에

자성의 하얀 날개로 허공을 높이 난다.
바람 따라 공덕의 바다를 건너간다.

한 것이다.

그런데 밀교에서는 "관정(灌頂)의 마음을 성숙시키기 위해서는 목숨을 바꿔서라도 자신의 서약과 계율을 지켜나간다." 하였다.

무서운 말이다. 악도의 고통 속에서도 보리의 씨앗을 잊어버리지 않는다는 것은 보통사람으로서는 감히 생각할 수 없는 일이다. 왜냐하면 악도에 있으면서도 참회를 계속해서 하면 무거운 것은 가벼워지고 가벼운 것은 아주 없어질 수 있기 때문이다.

어떤 사람들은 자신이 묶여있는 사람이 남을 어떻게 풀어주며, 내가 모르는데 남을 어떻게 가르친다는 말이냐 하고 자포자기하는 사람이 있다. 그러나 죄에 묶여 있는 사람과 욕심에 묶여 있는 사람은 다르다. 마음이 풀리면 장소에 구애받지 않고 선행하며 좋은 일을 할 수 있다. 부모님은 일자무식해도 자식을 가르쳐 박사가 되게 하지 않는가. 내가 배워야만 다 되는 것이 아니고, 내가 훌륭해야만 세상이 훌륭해지는 것이 아니다. 훌륭한 사람을 길러 쓰면 된다. 그러므로 사백론(四白論)에,

처음에는 복 아닌 것을 막고 뒤에는 나라는 생각을 여의라.
나중에 일체 모든 견해를 막으면 이 사람이 대장부(智者)다.

하였다. 때 없는 옷에 물감 들이듯 먼저는 선행으로 물들여 악을 그치고, 다음에는 보리심으로 물들여 어리석음을 깨달으라.

(1) 소장부들의 수행방법

여기서부터는 한국불교에도 넉넉히 알려져 있는 문제들이기 때문에 과판(科判)을 중심으로 간단히 설명하겠다.

소장부들은 즐기는 것을 좋아한다. 일반중생들은 몸이 즐거워야 좋다.

죽이고 빼앗고 사랑하고 거짓을 행하여 승리의 쾌감을 느끼는 것은 일반중생들이 좋아하고 동경하는 것이다. 그러나 이것은 소인들은 악이라 부르고 사람의 힘으로 잘 되지 아니하면 술·마약·무기를 써서라도 악을 쓰고 저지른다.

그러나 그래도 양심이 있는 소인배들은 죽일 것을 살리고 빼앗을 것을 나누어주며 정조를 지키고 진실을 말하여 무기나 약물, 술 같은 것을 절제하며 사람들을 즐겁게 한다. 이것이 선이다.

그러나 공부하는 사람들은 몸의 쾌락도 쾌락이지만 뜻(意)의 쾌락에 더 가치를 두고 있다. 진짜 마음이 즐거워야 즐거운 것이지 몸만 가지고는 즐겁다 하지 않는다. 아침 먹은 것이 점심 때를 넘어서지 않기 때문이다. 그래서 마음속에서 안락을 희구하고 죽은 뒤에도 안락하기를 희망한다. 이것이 곧 현생의 복락이고 후세의 천당이고 극락이다.

왜냐하면 이 세상에서는 오래 살 수 없다는 것을 보고 느끼기 때문이다. 좋은 일을 닦고 익혀 승리자가 되었다 하더라도 오래가지 못하고 죽는 것을 눈에서 본다. 태어난 사람은 결정적으로 죽는다. 그러나 그 결정된 시간을 다 채우지 못하고 죽는 사람도 있다. 죽고 난 뒤에 보면 그렇게 아끼고 사랑했던 부모·처자·권속과 명예·재산도 다 소용이 없다. 내 마음의 법 이외에는 아무것도 소용이 없다는 것을 깨닫게 된다. 여기서 후세의 과보를 생각하게 된다.

아, 모두 버리고 떠나야 하는건데 그것을 모르고서
친족과 친족 아닌 것들을 향해 죄를 지었도다.

〈入菩提心論〉

모든 경작 중엔 가을 곡식이 최고이듯
모든 발자국 중엔 코끼리 발자국이 최고이듯
모든 인식 중엔 무상과 죽음의 인식이 최고다.
이속에서는 온갖 탐욕과 무명·아만도 소용이 없구나.

〈大槃泥槃經〉

그래서 비로소 이 몸은 질그릇과 같고 모든 법은 아지랑이 같아 마(魔)의 꽃 화살은 여기에서 잘려지고 죽음이 볼 수 없는 경지까지 올라간다. 늙는 것도 보았고 병든 고통도 보았고, 몸과 마음이 분리되는 것도 보았고, 감옥 같은 집도 버리지 않으면 안된다는 것도 알았기 때문에 비로소 소장부는 욕망을 버리게 된다.

그런데 인생은 그 사랑하던 몸을 버려지는 데서 그치는 것이 아니라 죽은 뒤에는 더 큰 고통이 있다는 것을 깨닫게 된다. 이것이 지옥이요, 아귀요, 축생이다. 땅속의 감옥처럼 자유가 없고 볼 것도 보지 못하고 들을 것도 듣지 못하고 먹을 것도 먹지 못하고 죽어라 일만하고도 매만 맞는 그런 악도가 있다.

"지옥에 가면 고통이 많다지!"

"지옥에도 8만4천 지옥이 있는데 10년, 20년 허허벌판을 걷기도 하고, 물에 빠져 죽기도 하며, 비금주수들로 하여금 잡아먹게도 하고, 얼음속 뜨거운 가마속에 들어가 한열(寒熱)을 느끼다가 터져 녹아 죽기도 한다고 하던데 사실인가?"

"토막토막 토막을 내어 죽이기도 하고 큰 산·돌로 눌러 죽이기도 하고 호랑이 사자들로 하여금 뜯어 먹혀 죽이기도 하지만 끝없는 세월을 홀로 앉아 우수에 젖어있는 고독지옥(孤獨地獄)도 있다는 말을 들었어!"

"그러면 차라리 방생이 낫지 않을까?"

"옆으로 기어다니는 축생들, 맞아 죽고 태워 죽고 쫓기다 죽어 혀를 빼고 껍데기를 벗기는 일은 차마 볼 수 없다."

"간디스 강가에서는 수없는 아귀들이 굶주림에 시달리다가 밥티 하나만 목에 걸려도 불에 타서 죽는다 하는데…"

이것이 지옥·아귀·축생 3도의 고통이다.

그래서 사람들은 비로소 성현들의 말씀을 따라 나쁜 일 하지 않고 좋은 일 하려고 몸부림 친다.

성현들 가운데도 여러 종류가 있다. 사람으로서는 감히 생각할 수 없는 신들이 있고, 불·보살이 있으며 선지식들도 있다. 귀의의 대상은 물론 3보가 중심이다. 부처님은 복과 지혜가 중심이고 법은 청정이며 승은 화합이다. 부처님의 가르침은 계·정·혜 3학이 중심이고 법은 물질·정신·우주만법이 그것이며, 승은 비구·비구니 법이 중심이다.

허공에 있어도 땅에 있어도 바다에 들어가도
산 속 바위 동굴 속에 들어가도
이들 고통은 쉬어지지 않는다.

〈無常集〉

밤낮 머물 수 없는 이 목숨 항상 손해만 되고
더해지는 것이 또 없다면
그때는 죽을래야 죽을 수도 없겠지.

〈入菩提心論〉

사실 3계가 무상한 것이 가을 구름과 같고 중생의 생사연극은
아침 이슬과 같다. 중생의 목숨 가는 것이 하늘의 번갯불 같고
험한 산 폭포 내리듯 한다. 그래서 인생은 태어나면서부터 "날마
다 도살장을 향해 가는 소와 같다."한 것이다.

그런데 그 중에서도 10년은 잠으로 채워지고 10년은 아무것도
모르는 아이들로 채워지고 20년은 탐욕, 20년은 성냄, 20년은
어리석음으로 꽉 차 있으니 인간 70 고래희(古來稀)인들 무슨 소
용이 있겠는가.

이리 가도 기쁘지 않고 저리 가도 기쁘지 않다. 아름다운 꽃도
시들면 그만이고 향기로운 냄새도 날아가고 나면 잡을 수 없다.
악도라고 찾아가도 반겨주는 자는 한 사람도 없다. 눈 부릅뜨고
잡아먹을 듯 소리지르며 몽둥이로 내리치고 쇠사슬로 얽는다. 앙
상하게 마른 몸에 산덩어리처럼 무거운 짐을 지고 쇠가죽처럼 질
긴 매를 맞으며 보보등단(步步登壇) 사형장을 향해 눈물을 흘리

며 들어간다. 소·돼지·말들이 모두 슬픈 울음 속에 4대가 해체되어 적사위에 올려지고 가마 속에 끓여진다.

여기서 비로소 믿음이 생긴다.

"거 누구 나를 구해줄 자 없습니까?"

어쩌다가 구세주를 만나면 정·사를 구분하지 못하고 매달린다. 비로소 몸으로 짓고 입으로 짓고 뜻으로 지은 악업을 생각하며 참회한다.

거기서 착한 것은 백업(白業)이고 악한 것은 흑업(黑業)이라는 것을 깨닫는다. 또 백업의 결과는 즐겁고 기쁘며, 흑업의 결과는 괴롭고 슬프다는 것을 깨닫는다. 뿐만 아니라 그들 업력은 나름대로 세력이 있어 끼리끼리 유유상종(類類相從), 그 중에서도 그룹을 지어 희로애락(喜怒哀樂)한다. 대개 삿된 마음(邪心)에 의하여 모여진 단체는 간악하게 되고, 바른 마음(正心)에 의하여 조직된 단체는 복지를 형성한다.

이것이 하류도인들이 살아가는 방법이다. 나름대로 사심에 의해 모여진 단체도 자신만이 제일이라고 자랑하고 있으나 그것이 정법인지 사법인지는 중생들이 더 잘 안다. 자기 집단과 자기 명예 자기 사상만을 위해 남에게 피해를 주는 것은 아무리 정법이라 주장하여도 사법이고, 남을 이롭게 하고 세상을 편안하게 하면 다른 사람들이 사법으로 보아도 정법이다. 이것은 부처님께서 마지막 수발다라에게 "바를 정(正)자가 있으면 외도도 불법이고, 바를 정(正)자가 없으면 불도도 사법이다."한 말씀에서 읽을 수 있다.

오늘 아침에 많은 사람을 보았는데 모두 다 어디 갔는가.
오늘 저녁에 많은 사람을 보았는데 모두 다 어디 갔는가.

〈集法句〉

많은 남자와 여인들이 이렇게 한탄하며 가는 곳마다 새 사람을 만나 짝을 짓고 한탄한다.

"저 바다가 나의 피요, 저 산이 나의 뼈,
세상의 바람이 나의 호흡이다.
몇 번이나 이렇게 낳다가 죽었는가!"

물거품과도 같은 세상, 왜 일찍이 저 파도를 보지 못했던가.
옷도 소용없고 친한 이도 소용없고
왕권·궁궐·대신도 소용없고
뒤따르는 것은 눈물, 콧물이 뒤섞인 권속들 뿐이지만
흙 속에 들어가고 나면
불 속에 들어가고 나면 뿔뿔히 헤어질 사람들,
차라리 까마귀 밥이나 줄 걸 후회한들 무슨 소용이 있는가.
그 속에서도 자식들은
자기 잘 될 곳을 향하여 노비(路費)를 쓴다.
가엾은 인생 누구를 탓할 것이 있고
누구를 원망할 것이 있겠는가.
그래서 소장부들은 무상을 느끼고
삼보에 귀의하여 극락 천당을 발원한다.

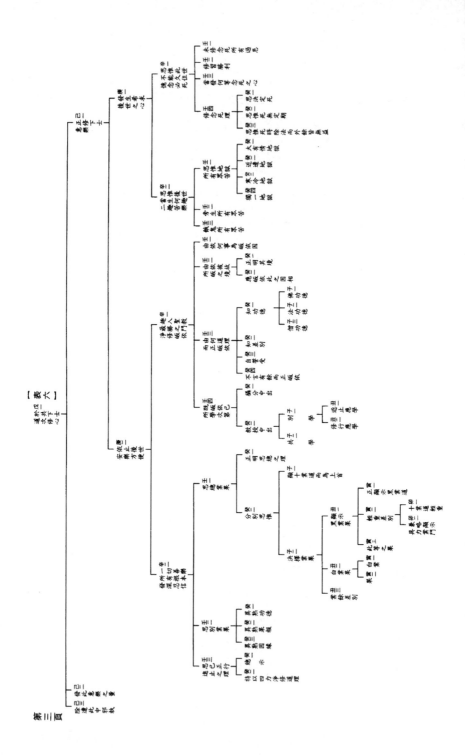

(2) 중장부들의 수행방법

소장부에서 만족을 느끼지 못한 사람들이 중장부를 향하여 삶의 길을 모색한다. 몸만 즐겁게 한다고 즐거운 것이 아니기 때문이다. 어떻게 해야 뜻을 즐겁게 하고 그 즐거운 마음이 오래갈 수 있게 할 수 있겠는가. 이것은 모든 중사(中士)들의 화두다. 가능한 삿된 집착에서 벗어나 죽고 사는 문제까지도 해결할 수 있으면 좋겠다고 생각한다.

이것이 해탈심(解脫心)이다.

그런데 거기서도 망상이 생긴다.

"내 마음이 전 우주심에 계합해 버린다면 나라는 생각이 완전히 없어져 버리는 것은 아닌가."

하는 의심 이것이 망상이다. 부부가 같이 함께 절에 가도 한 사람은 열심히 공을 드리는데, 한 사람은 뒷짐 지고 법당 마당을 배회한다.

"들어오십시오."

"담배 한 대만 더 태우고."

"들어오시라니까요."

"더 늙어 못 쓰게 되면 들어갈게."

죄인은 스스로 죄를 인정하면서도 죄값을 치르지 않고 이자를 배로 늘려가며 시간을 미룬다. 결국은 내가 낼 빚인데.

그래서 고·집·멸·도 4제를 중심으로 공부하는 사람은 고제(苦諦) 속에서 생사의 과환(過患)을 생각하고, 집제(集諦) 속에서 유전(流轉)의 이치를 밝혀낸다.

"이 세상이 고통의 세상인가 즐거운 세상인가?"

이것은 각자의 소견에 따라 다르다. 왜냐하면 세상 자체는 고해(苦海)도 낙토(樂土)도 아니기 때문이다. 괴롭게 보면 괴로운 세상이 되고 즐겁게 보면 즐거운 세상이 된다.

그러나 나고·늙고·병들고·죽는 것을 보면 분명 세상이 괴로운 것 같다. 거기 사랑이 헤어지고 5온(이 몸)이 치성하고, 구해도 잘 얻어지지 않고, 원수가 한데 모여 살다보면 모든 것이 다 괴로운 것같이 느껴진다.

그래서 여기서 근본 4고와 기말 4고가 보태져 인생은 여덟 가지 고통(八苦)으로 점철된다.

방 안에 놓아두면 썩어질까 두려워 거추장스러운 배로 일곱 매를 묶어 땅 속에 넣고 꼭꼭 밟아 놓았더니 파보니 차디찬 몰골 속에 뼈대만 앙상하여,

태워서 보내야 할 것인가(火葬)

찢어서 버려야 할 것인가(風葬)

다시 자리를 옮겨 묻어주어야 할 것인가(埋葬)

이래도 시원치 않고 저래도 시원치 않다.

제사상 차려놓고 줄줄이 늘어서서 제사를 모실 때는 살아있는 사람같이 보여 덕담도 하였는데 못난 자식 돌아서면

"괜히 낳아 고생만 시킨다."

원망한다. 이래도 원망, 저래도 원망, 이빨 깨물고 머리카락 곤두세워 온갖 고생 다했는데 결과는 오직 하나 원수덩어리가 되었구나.

그때 비로소 영가는 말도 못하고 고독에 빠진다.

"차라리 낳지 않았으면 저런 소리나 듣지 않을텐데."

"무자식 상팔자라 하지 않던가!"

오늘도 우리 부모님들은 자기 잘못을 한탄하고 갈 길을 가지 못하고 갯가에 앉아 눈물을 흘리고 있다. 이것이 고독지옥이다.

들숨, 날숨 가로 막더니 중간숨 끊어지니 그만인 것을

불같은 성질, 비뚤어진 마음으로 외롭게 앉았어도 그 마음은 가시지 않네.

이렇게 괴로운 인연 속에서 괴로운 과보를 받는 것은 씨앗도 괴롭고 열매도 괴롭기 때문에 고고(苦苦)가 된다.

사랑하는 경계가 고통 속에서 이합집산(離合集散)하는 것을 보면 이 또한 괴롭기 때문에 괴고(壞苦)

또 그 경계가 시간 따라 변이상속하여 한 가지도 그대로 머문 것이 없으니 이것은 행고(行苦)다. 그래서 이 세상 모든 고통을 고고·괴고·행고 3고로 구분하는 사람도 있다.

어떻든 이 세상은 고통투성이다. 이렇게 인생의 괴롭다면 천당 가기를 원하는데, 천당에는 고통이 없는가. 천당은 광명·자연·청정·자재하여 가장 훌륭한 곳으로 이해하고 있지만 욕계천에는 아직도 욕심이 있고, 색계천에는 색심이 있으며, 무색계천에는 그들이 고집하는 사상이 있어 먹고 입고 사는 의식주와 장수·건강·아름다운 환경은 우리들이 사는 사바세계와는 비교가 되지 않지만 거기도 세월이 가면 변이상속하므로 영원한 세계로 간주할 수 없다. 그러므로 부처님은 "완전한 해탈은 3계를 벗어나야 한다."

고 하였다.

또 인연을 따라서 이 세상을 열두 가지로 설명하는 사람도
있다.

① 무명(無明) ② 행(行) ③ 식(識) ④ 명색(名色) ⑤ 6입(六入)
⑥ 촉(觸) ⑦ 수(受) ⑧ 애(愛) ⑨ 취(取) ⑩ 유(有) ⑪ 생(生) ⑫노
사(老死)·우비고수뇌(憂悲苦愁惱)가 그것이다.

① 왜 늙고 병들고 죽고 근심 걱정을 하는가.

② 태어났기 때문이다. 왜 태어났는가.

③ 전생의 업이 있기 때문이다.

전생의 업은 어떻게 하여 지었는가?

④ 사랑을 ⑤ 취했기 때문이다.

사랑은 어떻게 취했는가.

⑥ 눈·귀·코·혀·몸·뜻으로

⑦ 접촉하여

⑧ 받아들였기 때문이다.

누가 그렇게 받아들였는가?

⑨ 내 마음(心)과 몸(色)이 받아들였다.

왜 받아들였는가?

⑩ 결과가 이렇게 될 줄 모르는 맹목적(無明)인

⑪ 생각(識)이

⑫ 맹목적인 행(行)을 일으켰기 때문이다.

그렇다면 무명(無明)만 없어지면 늙고 병들고 죽는 것이 없어질 것 아닌가?"

"그렇다."

"그러므로 밝은 마음으로 사랑한다면 밝은 마음으로 죽지 않겠는가?"

"좋은 일도 없는 것만은 못하다."

이것이 십이연기의 사상이다.

인연 속에 났다가 인연 속에 사라지는 인생, 누가 나오라 하였던가. 그러므로 어떤 스님이 숨 거두며 하는 말이,

"괜히 왔다 가는구만."

하였던 것이다.

이것이 중사(中士)의 도 닦는 마음이다.

타는 목마름에 천리를 멀다 않고 달려갔더니
고름 섞인 늪과 대소변 가득한 호수
여름 파도 울렁거려 찾아간 전단목도
불탄 숲, 날카로운 화염에 깔려져 있으니
어느 곳에 가서 휴식을 취하고 시원한 물 한 잔 마시리…

하늘을 날으는 기러기와 같이 동서남북을 다 헤매고 다녀도 내 쉴 곳은 하나도 없네. 모두가 불바다, 얼음바다 끓는 물지옥뿐이니…

그때 홀로 외친다.

누가 이 큰 두려움, 내 재앙에서 구해줄 것인가.
눈을 씻고 사방을 돌아보아도 귀의처가 따로 없네.
아귀다툼하는 이교도 삿된 무리들
그들은 똘똘 뭉쳐 더 높은 울타리 속에서
벗어나지 못하고 있다.

흙이나 돌 나무로 만든 것들은 모두가 허수아비
종이·비단·금은으로 장식한 것들은 모두가 희귀한 예술품
그들을 칭찬하고 노래하는 성도들은 희대의 사기꾼…
어디서 나를 구할 신·불을 만나고 선지자를 구할 것인가.

한탄하던 사람은 흙이나 돌·나무로 만든 허수아비들을 따라 종이·비단·금은으로 장식한 예술품을 보고 스스로 자기 길을 개척한다.

진짜 나는 이 몸도 아니고 업식(業識)도 아니네.
쓸데없는 생각 다 버리고 열반을 증득해야지.
그래서 얻은 것이 무상 속에서 영원한 마음, 고통 속에서도 즐기는 마음, 구속 속에서도 자유를 누리는 참 나, 더러움 속에서도 언제나 연꽃같이 깨끗한 마음―이것이 니르바나(열반)이다.

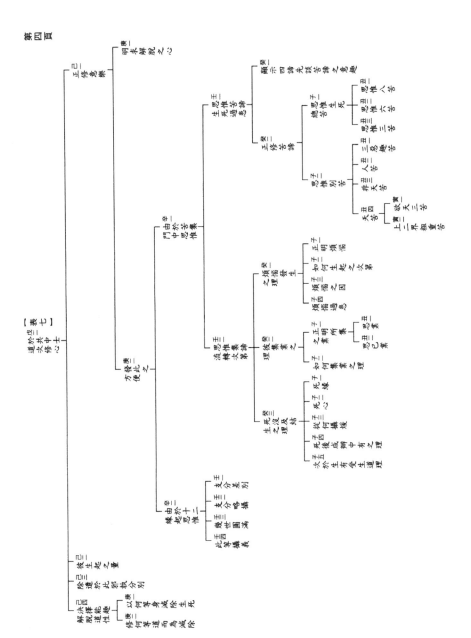

【表七】

(3) 대장부의 수행방법

대장부의 마음은 보리심(깨닫는 마음)에서부터 시작된다.
"적어도 내가 이 세상에 태어나서 나만을 위한 일에서 그쳐서야 되겠는가."
이런 마음이 생겨야 대장부가 될 수 있다.

살줄만 알고 죽을 줄을 모르는 인생
고통을 피하고 즐거움만 쫓는 인생
나만 알고 남을 모르는 인생

이들을 위해서 진짜 불쌍한 마음을 일으킨 대장부는 나, 내 것만을 위해서 살아오던 소장부, 중장부가 이런 사람을 불러 대승, 큰 수레를 끄는 사람이라 부른다. 자전거·수레·자동차를 몰던 사람이 기차·비행기로 세상을 실어나른다. 그래서 대승의 근본은 대비심(大悲心)이라고 하는 것이다.

이렇게 알았으면 대비의 정신을 의지하여 남을 이롭게 하는 마음을 키워나가야 한다. 그 일을 실천하는데 있어서는 차별심이 금물이다. 나 내 것, 우리 우리의 것, 크든지 작든지 모든 유정들을 평등한 마음으로 대하고 그들에게 부담없는 기쁨을 안겨주어야 한다. 다시 말하면 이타심(利他心)을 의지하여 자비심을 닦고 더욱 그 뜻을 즐겁게 키워나가야 한다. 그래서 스스로 구하는 깨달음을 닦고 그 결과로 밝은 마음을 키워나가야 한다.
이것이 점차로 대비의 인과를 키워나가는 방법이다.

다음에는 고요한 하늘처럼 어떠한 환경에 처하더라도 그 훌륭한 마음(勝利心)과 과환(過患)을 바꾸지 말아야 한다. 어쩌다가 장애가 생기면 바로 그 장애를 극복해 나가야 한다.

보통사람들과 소장부, 중장부가 하는 일을 버리지 않고 실천하면서도 보다 고차원적인 인생을 지성적으로 키워나가는 것이다.

천겁에 쌓은 보시 공양도
한 순간 분노에 사라지는 것을 보고
만 년 동안 지켜온 청정한 계율도
한 순간 구정물에 빠져드는 것을 보고

10선의 인과를 경·중을 따라 분석하고
완숙한 지혜로 판단하고 분석한다.
상(相)을 내고 견(見)을 가지고 남을 업신여기는 일은
큰 마군이들의 궁전을 장엄하는 일이기 때문에
차라리 없는 것만 못하다는 것을 깨닫게 된다.

허물 보기 때문에 생사가 아니고
자비 때문에 열반에 주하지 않는다.
이타행 위에 계율 지키는 이
생사에도 머물지 않고 두려워하지 않는다.

그런 마음을 어찌 보통사람들이 헤아릴 수 있겠는가.
듣지 못한 것을 듣고 얻지 못한 것을 얻었으면 그것을 잘 수호하여 파괴하지 말아야 한다.

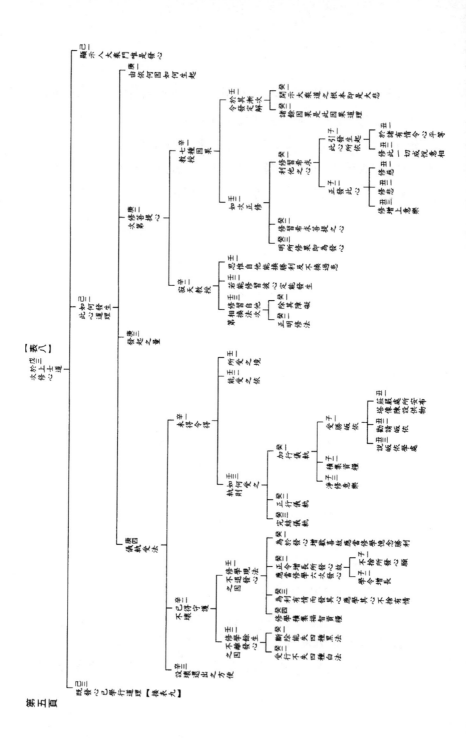

【表八】

次於戊三
修上士道

그것이 곧 법을 받는 의궤(儀軌)다.

나만을 위하여 탑상을 장엄하는 것이 아니라 일체중생을 위하여 공양을 진설한다. 우리만을 위해서 불보살 선지식을 청하는 것이 아니라 일체중생을 위해서 권청하고 귀의하고 귀의처를 설명한다.

"복과 지혜를 다 갖추신 부처님
세상의 온갖 시비에서 벗어난 법
남녀노소가 모두 가족이 되어 화합하는 승가"

수행자는 이들에게 닦고 배운 법에 털끝만큼도 물러섬이 없이 정진한다. 처음 발심했던 마음이 불어나 환희에 꽉 차게 되면 날로 삶의 보람과 영광을 얻게 된다.
그러므로 중생들을 품기 위해 발심한 사람이 중생을 버리면 안된다. 복과 지혜를 길러 쌓아야 한다. 단지 흑법을 제거하고 백법을 잃지 않게 해야 한다. 이미 발심한 사람들은 대승의 도리와 금강승들의 도리를 배워 익혀야 한다. 대승의 학처는 보살도와 불자율의가 기본인데 전체적으로 보면 보시·지계·인욕·정진·선정·지혜의 6바라밀과 보시·애어·이행·동사의 4섭법이다. 특히 이 가운데서도 선정과 지혜는 발심행자가 특별히 닦아야 될 바라밀로 주목되고 있다.

마음의 나무는 비롯함이 없는 때로부터
번뇌의 쓴 즙을 마시고

단맛과 바꾸지 않고 있는데
하물며 감로의 공덕수를 가지고 있는 것이겠는가.

그러므로
보리심은 꿈에서라도 버려서는 안된다.
시골이나 도시 어떤 곳에 있어도
이 보리심은 주처(住處)가 없기 때문이다.

제도하지 못한 자를 제도하고
해탈하지 못한 자를 해탈시키고
편안하지 못한 자를 편안하게 하고
열반에 들지 못한 자를 열반에 들게 한다.

열반은 항상 즐겁고 자유롭고 깨끗하게 하기 때문이다.

　영원한 마음(常)
시간의 흐림이 정지된 곳,
그러나 그 속에 꽃도 피고 바람도 불고
눈·서리가 내리고 열매와 낙엽을 볼 수 있는 곳.

　즐거운 마음(樂)
헐벗고 굶주리고 아프고 죽는 것이 없는 곳.
온세계 사람들이 함께 모여 서로 나누고 생각하는 곳.
형제가 아니어도 형제처럼 부모처럼 사랑하는 곳.

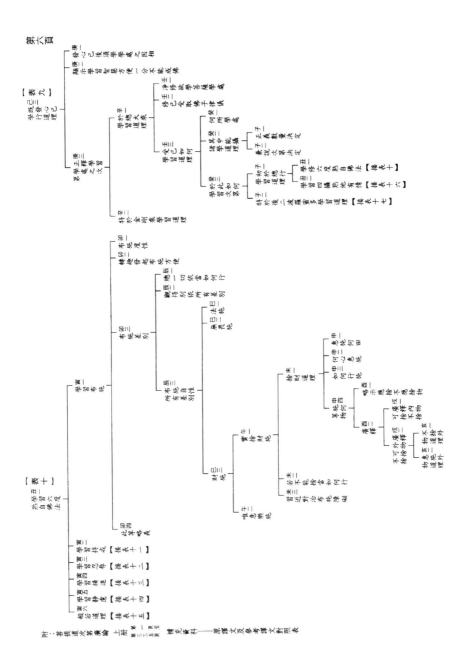

자유로운 마음(我)
굳고 맑고 비고 흔들리는 것이 각기 놀아나면서도
만 가지가 조화롭게 하나로 형성하고 있는 곳.
이름과 모양·족보·이력이 분명해도
서로 업신여기지 않고 공경하는 곳.

　　깨끗한 마음(淨)
똥오줌 피고름이 더러움이 있다 하여도
연꽃처럼 진흙 속에서 항상 깨끗하게 피어있는 곳.
인과 인연속에 깨끗한 마음이 현실속에 실천된 곳.

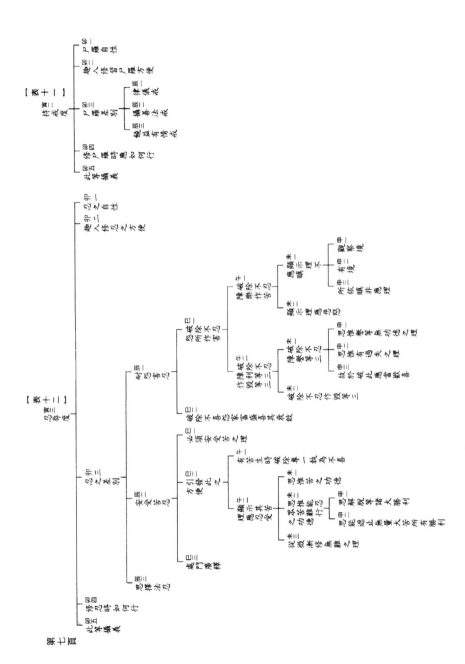

【表十一】

持戒度(寅三)
├ 戒自性(卯一, 尸羅)
├ 修習尸羅方便(卯二, 趣入)
├ 尸羅差別(卯三)
│   ├ 攝律儀戒(辰一)
│   ├ 攝善法戒(辰二)
│   └ 饒益有情戒(辰三)
├ 尸羅如何修行(卯四, 修時應)
└ 此即等攝義(卯五)

【表十二】

忍辱度(寅三)
├ 忍之自性(卯一)
├ 修忍之方便(卯二, 趣入)
├ 忍之差別(卯三)
│   ├ 耐怨害忍(辰一)
│   │   ├ 破除不忍所作害(巳一)
│   │   │   ├ 破除不樂作苦忍(午一, 障)
│   │   │   │   ├ 顯示應忍之理(未一)
│   │   │   │   └ 應顯示不應理(未二)
│   │   │   │   ├ 觀緣境(申一, 有境)
│   │   │   │   └ 依境非應理(申二, 所依)
│   │   │   └ 破除不樂利等忍(午二, 作障致壞利等)
│   │   │   ├ 破除不忍障樂等(未一)
│   │   │   │   ├ 思惟樂等無功德之理(申一)
│   │   │   │   └ 故於此應當歡喜(申二, 於破壞等破除不忍)
│   │   │   └ 破除不忍作毀等三(未二)
│   │   └ 破除不喜忍(巳二, 怨家富盛善其衰敗)
│   ├ 安受苦忍(辰二)
│   │   ├ 必須安受苦之理(巳一)
│   │   ├ 方引發此之方便(巳二)
│   │   │   ├ 有苦生時破除專執為不喜(午一)
│   │   │   └ 理顯示應忍其苦(午二)
│   │   │   ├ 思惟苦之功德(未一)
│   │   │   │   ├ 思惟苦能忍行忍之功德(申一)
│   │   │   │   └ 思惟解脫等諸大勝利(申二)
│   │   │   │   ├ 思惟能遮止無量大苦所有勝利
│   │   │   └ 從眾多門漸修無難之理(未二)
│   │   └ 處門廣釋(巳三)
│   └ 思擇法忍(辰三)
├ 忍如何修行(卯四, 修時應)
└ 此即等攝義(卯五)

第七頁

(4) 육바라밀과 사섭법

보시에는 법시와 무외시·재물시가 있는데 재물시에는 재물을 버려 보시하는 법과 뜻을 즐겁게 해주는 보시가 있는데, 특히 재물을 보시할 때는 은혜롭게 베풀어야 하고 때와 장소에 맞추어 한 가지도 헛되지 않게 해야 한다.

계에는 율의계(律儀戒)와 섭선법계(攝禪法戒) 요익중생계(饒益衆生戒)를 잘 가지고 지키도록 하고,

인욕은 원해(怨害)를 참고 편안히 여기며 나를 해롭게 하는 것들에게 어여삐 여기는 마음과 용서하는 마음을 가진다. 참을 수 없는 마음을 잘 참고 기쁘지 못한 마음을 기쁘게 한다. 철저히 경계를 관찰하고 화를 내보았자 이치에 맞지 않는다는 것을 깨닫고 오히려 애민(哀愍)의 정을 일으킨다. 화를 내면 그 동안의 공덕이 없어지고 과실만 나타나므로 도리어 환희심으로 참지 못한 마음을 파괴한다.
그리고 어차피 받아야 할 고통이라면 다른 사람에게 피해주지 않고 자유를 얻게 한다.
이것이 고통 속에서 고통을 벗어나는 진리(法忍)이다.

다음 정진은 갑옷을 입고 선법을 닦고 중생들을 이익되게 하는 일에 노력한다. 물론 여기에도 여러가지 장애가 따른다. 그 장애를 이김으로써 게으른 마음을 다스리는 것이 곧 정진이다.

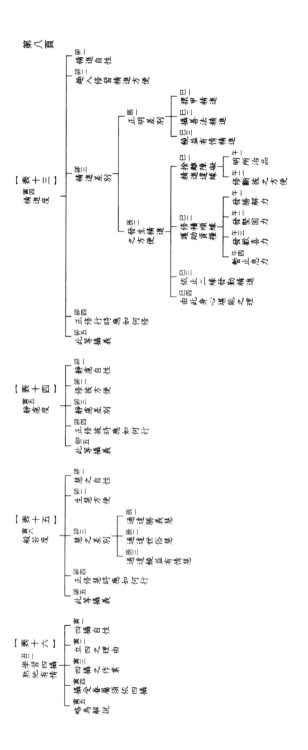

왜 해야 하는지, 견고한 마음으로 환희심을 일으켜 게으른 마음을 그치고 부지런히 몸과 마음을 단련시킨다. 이것이 정진이다.

다음 선정은 생각을 고요히 가라앉히고 시간 따라 자리에 앉아 흔들리는 마음을 가라앉힌다.

이렇게 하면 반야지혜가 생겨 진속이제(眞俗二濟)에 옳고 그름을 판단할 지혜가 생긴다. 지혜가 생기면 바로 중생들을 이익되게 할 수 있다.

그리고 4섭을 닦으면 모든 권속이 편안해진다.

이것이 6도만행과 4섭법을 닦는 방법이다.

끝으로 이 책에서는 사미타와 위빠사나를 별도로 크게 다뤘기 때문에 따로 번거롭게 설명하지 않는다.

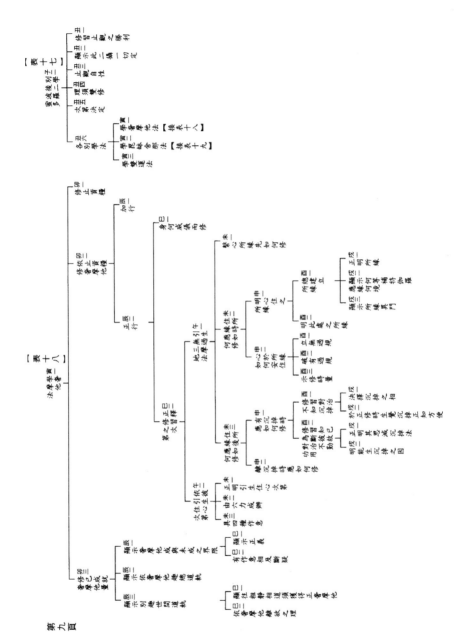

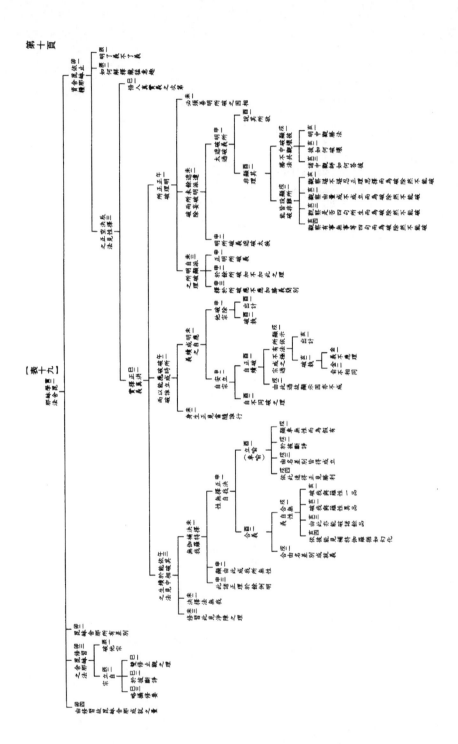

第十頁

〔表十九〕

76　깨달음의 차례

7. 사마타(止)와 위빠사나(觀)

　실로 선에 있어서 사마타와 위빠사는 중요한 위치에 있다. 6
바라밀이 보시에서부터 시작하여 지계·인욕·정진 순서로 나가지
만, 결국에는 선정과 지혜를 얻기 위한 수단이다. 그러나 이들은
둘이 아니다. 그래서 마명보살은 6바라밀을 말하지 않고 5바라밀
을 설명하면서 정혜를 하나로 보아 지관이라고 말했다. 지(止)는
지식(止息)·적정(寂靜)·능멸(能滅)의 뜻으로 마음속에서 일어나는
일체 망상을 지식시키는 것을 말한다. 망상을 정지시킨 경지가
정(定)이고, 정 가운데서 나타난 것이 관(觀)이므로 위빠사나의
경전(安般守意經)을 중심으로 설명코자 한다.

(1) 안반수의경과 여섯 가지 호흡법

　위빠사나 선수행법(禪修行法)은 근본불교(根本佛敎)의 명상관찰
수행법(冥想觀察修行法)으로서 부처님께서 직접 행하셨던 수행법
이다.
　위빠사나는 팔리어(원시경전)의 '위(Vi)'와 '빠사나(passana)'라

는 두 단어의 복합어이다.

'위(Vi)'의 뜻은 고(苦 : Dukkha), 무상(無常 : Anica), 무아(無我 : Anata)의 자연적 성품을 말하는 것이고,

'빠사나(passana)'는 '본다'라는 뜻으로 쉽게 풀이하면 자신의 참다운 성품을 수행을 통하여 직접 본다는 것을 말한다.

이 수행법은 원시경전 중 '중아함경'의 '대념처경(Mahapa-tthana)에 자세히 설명되어 있는 부처님께서 직접 수행하신 법이며, 모든 비구들에게도 이 수행법을 통하여 깨달음에 이르도록 지시하신 것으로써, 그 역사성과 순수성의 측면에서 매우 높은 위치를 차지하고 있으며, 그 전통이 동남아 불교권 내에서는 수행의 기본 골격이 되어 있다.

불설대안반수의경(佛說大安般守意經 : 안반수의경·대안반경·수의경·안반경)은 상·하 두 권으로 된 경전이다.

이 경전은 후한(後漢) 안세고(安世高)가 번역하여 소개되었는데, 신수장(新修藏)의 15권 163쪽 No.602에 실려 있을 뿐만 아니라 수많은 불제자들의 저서에서 언급되어 온 것이다.

이 경의 내용은 호흡에 정신을 집중하는 방법을 통해 정신의 안정을 가져오고 나아가 깨달음에 이르도록 하기 위한 수행법이다.

이 방법을 원어로는 '아나파나사티(ānāpănasati)'라고 하는데, 한문번역에서는 '안반수의(安般守意)'라 번역하고 있다.

이 책 '안반수의(安般守意)'의 원어인 '아나파나사티(ānāpā-na sati)'의 의미를 한 마디로 밝혀 말한다면, 호흡에 의식을 집중하는 수행의 방법이라 할 수 있다.

즉, '아나(āna)'는 들숨이고, '아파나(apāna)'는 날숨이며, '사티(sati)'는 의식의 집중이다. '들숨은 생(生)이고', '날숨은 사(死)이고', '사티는 의식을 집중하여 정확하게 관찰하여 본다.'는 뜻으로 생(生)과 사(死)는 들숨과 날숨의 한 순간에 있음을 직시하고, 생로병사의 근본 고통을 해탈한다는 것이다.

이 방법은 부처님께서 가르친 오정심관(五停心觀) 중의 하나로서 수식관(數息觀)으로 알려져 있다. 이 호흡법은 올바른 이해와 실천을 통하여 익힘으로써 오늘날처럼 정신의 안정을 잃고 방황하는 모든 생활인은 건강과 안정을 얻을 수 있을 것이다.

① 들숨과 날숨의 수를 헤아리는 수식(數息)
② 호흡에 의식을 따라 하나가 되는 상수(相隨, 隨息)
③ 마음에 호흡을 의지하지 않고 고요히 안정되는 지(止)
④ 사물을 관찰하게 되는 정신집중의 상태인 관(觀)
⑤ 다시 고요한 자기의 주체로 돌아오는 환(還)
⑥ 어떤 것에도 집착하지 않는 청정한 세계인 정(淨)이 그것이다.

① **사의지(四意止 : 四念處, 四念住)**
① 신념처(身念處) : 부모에게 받은 육신이 부정(不淨)하다고 관함.

② 수념처(受念處) : 우리의 몸에 즐거움이라고 하는 음행 자녀·재물 등을 보고 낙(樂)이라고 하는 것은 진정한 낙이 아니고 모두 고통이라고 관함.

③ 심념처(心念處) : 우리의 마음은 항상 그대로 있는 것이 아니고 늘 변화 생멸하는 무상이라고 관함.

④ 법념처(法念處) : 위의 셋을 제외하고 다른 만유에 대하여 실로 자아(自我)인 실체가 없으며 또 나에 속한 모든 물건을 나의 소유물이라고 하는데 대하여서도 모두 일정한 소유자가 없다고 무아관(無我觀)을 한다. 이상 사념처관(四念處觀)을 신·수·심·법(身·受·心·法)의 순서를 따라 각각 관하는 것을 별상념관(別相念觀)이라 하고, 종합하여 관하는 것을 총상념처관(總相念處觀)이라 한다.

② 사정근(四正勤)

정근(正勤)은 범어 Samyak-Prahāna의 번역, 사정단(四正斷), 사의단(四意斷)이라고 한다. 37도품(道品) 중의 제2행법으로 네 가지 바른 노력을 하는 것.

① 율의단(律儀斷) : 아직 나타나지 않은 악을 끊기 위하여 노력하는 것.

② 단단(斷斷) : 이미 생긴 악(惡)을 끊기 위하여 노력하는 것.

③ 수호단(隨護斷) : 아직 나타나지 않은 선(善)을 나타내기 위하여 힘쓰는 것.

④ 수단(修斷) : 이미 나타난 선(善)을 증대하도록 힘쓰는 것.

이것을 단(斷)이라 함은 이러한 정근(精勤) 노력이 태만심을 끊고 장(障 : 煩惱障)을 끊기 때문이다.

③ 사신통(四神通, 四神足念)

① 철관(徹觀) : 꿰뚫어 보는 것.
② 철청(徹聽) : 아무리 미세한 소리도 듣고자 하면 들을 수 있는 청각력(聽覺力)
③ 지타인심(知他人心) : 다른 사람의 마음을 능히 알 수 있는 능력.
④ 비행(飛行) : 허공을 날을 수 있는 신통력 등 네 가지 자재력을 얻는 것.

④ 오력(五力)

범어 Pañca-balāni의 번역 37도품 중의 하나. 신력(信力:信仰)·근력(勤力:努力)·염력(念力:憶念)·정력(定力:禪定)·혜력(慧力:知慧)의 다섯 가지. 이것은 악을 쳐부수는 힘이 있으므로 역(力)이라 한다. 내용은 오무근(五無根)과 같이 불교의 실천도를 가리킨다. 대체로 실천상으로 전자에서 후자로 서서히 차례를 밟아 옮긴다.

(2) 수행인의 목표와 자세

처음 수행을 시작하는 사람들은 우선 바른 목표를 세우고, 바른 자세로써 바른 수행법을 익혀 나가야 한다. 수행인에게 있어서 바른 수행법이란, 자신의 육체나 정신적인 모든 면에서 일어나고 있는 현상을 하나라도 놓치지 않고 면밀히·정확히 관찰 내지 감지인식(感知認識)하는 수행법을 말한다.

그렇다면 수없이 많은 우리의 행동이나, 정신적인 변화와 마음의 다양한 상태 중에서 어디에다 관찰의 초점을 맞추어야 되는가.
우리의 생명을 유지하게 하는 가장 중요한 것으로 우리를 살아있게 해주는 현상이 있다. 이 현상이야말로 탄생의 순간에서부터 죽음의 순간에 이르기까지 계속되는 것이며, 이 현상이 계속되는 한 우리는 100년, 아니 그보다 더 살아있을 수도 있다.

이 현상은 본인이 인식하거나 인식하지 못하거나 관계없이 작용하여 우리로 하여금 살아 움직이게 하는 것이다.

즉, 숨을 들이쉬고 내쉬는 것으로서, 숨을 들이쉴 때에는 아랫배의 깊숙이까지 미치게 하여 아랫배가 일어나게 하고, 숨을 내쉴 때에도 역시 완전히 내쉬어 아랫배가 꺼지게 하는 현상을 말한다.

숨을 들이쉴 때 자신의 아랫배가 일어남을 정신적으로 '일어남'이라 하고, 숨을 내쉴 때 아랫배의 꺼지는 현상을 '사라짐'이라 하여 이후부터 통칭해서 '일어남·사라짐'이라 한다.

수행인은 마음집중 수행을 위하여, 고요히 앉아서 자신의 아랫배가 일어나고 사라지는 현상을 대상으로 하여 매우 예리하고 정확하게 밀착된 상태에서 자세히 관찰하고 분명히 인식해야 한다.

　자리에 앉을 때는 허리를 반듯이 펴고, 몸의 긴장을 푼 채 바르게 앉으며, 고개를 반듯이 하되 목에 힘을 주지 않은 채 자신의 귓밥이 어깨 위에 바로 떨어져 일직선이 되도록 하며, 다리는 가부좌나 반가부좌 혹은 무릎 아래 두 다리가 서로 나란히 앞과 뒤로 놓이게 하거나, 가장 자기에게 맞는 자세를 취하여 편안하게 한다.

　눈은 지그시 감아야 한다. 눈을 뜨거나 반쯤 뜬다면 눈으로 인해 정신이 산만해지며, 신경이 쓰이게 되고 동시에 주변의 바깥 현상에 관심이 쏠리게 되어 사실상 자신의 내적 정신집중 관찰이 어렵거나 흐트러지기 쉽기 때문이다.

　입은 가볍게 다물고 혀는 앞니와 입천장 사이에 닿게 하며, 좌우의 손은 배꼽부분 앞에 마주 잡히게 하거나, 아니면 오른손 바닥 위에 왼손을 살포시 얹어 놓든지, 또는 양손으로 자신의 무릎 위를 덮거나, 손바닥이 위로 오도록 얹어놓는 등 편안하여 신경 쓰이지 않도록 해야 하는 것이다.

　이와 같이 앉은 상태에서 자신의 호흡이 코끝을 스쳐 슬어감에서부터 아랫배에 이르기까지 눈으로 보는 듯하면서 숨을 들이쉬고 내쉴 때만의 현상에 마음을 집중시켜서 자신의 아랫배에서 일어나고 사라지는 현상, 즉 움직이는 모습을 자세히 느끼고 예리하게 관찰한다.

(3) 자연스러운 호흡

호흡은 아주 자연스럽게 숨을 들이쉴 때 들이쉰 숨이 아랫배까지 미치도록 하여 팽창됨을 피부로 느끼도록 하고, 정신적으로 '일어남'이라고 읽어야 하며, 동시에 감은 눈은 자신의 아랫배의 팽창된 부분을 실지로 보는 듯하여 동작이 동시에 일어나도록 해서 관찰이 하나의 집중력이 되도록 한다.

인간이 이 세상에 태어나 얼마를 살아왔든 자신의 호흡에 대해서 자세히 알고 살피고 관찰해보며 피부로 느끼고, 코끝을 통하여 들어가는 공기와 나오는 공기의 차이점을 느껴본 사람이 얼마나 될까.

들이쉬는 숨과 내쉬는 숨은 아주 자연스럽게 해야 한다.
절대로 어떤 규칙을 정하여 의식적으로 길게 내쉬고 짧게 들이쉬거나, 짧게 내쉬고 길게 들이쉬거나 하지 말고 다만 자연스러운 호흡이 되어야 한다.

호흡이 매우 자연스러워야 하는 것은, 만약에 호흡에다 어떠한 규칙을 정하거나 인위적인 것이 되면 쉽게 피곤해지고 상기(上氣 : 더운 기운)이 머리까지 뻗치는 현상으로 머리가 무겁고 아픔)가 올라오며, 여러가지 다른 좋지 않은 현상이 나타나게 된다. 그렇기 때문에 아주 자연스러운 호흡을 하면서 다만 정신적으로 아랫배의 일어나고 사라지는 현상만을 관찰·집중시켜 가는 것이다.
이 수행법에 대해서 어떠한 이름을 붙여도 관계없으며, 다만 바르고 자세하며 정확하게 자신의 아랫배에서 일어나고 사라지는 현상을 관찰하여 일념집중을 이루는 것이 중요하다.

아랫배의 일어남과 사라짐은 반드시 3단계로 구분되어진다.

숨을 들이쉴 때는 바람이 코끝을 스치어 들어가는 부분은 처음이요, 가슴을 스쳐 지날 때가 중간이요, 아랫배에 와 닿음이 끝맺음이다. 그리고 내쉴 때는 아랫배의 꺼짐이 시작이요, 가슴을 스칠 때가 중간이며, 코끝을 스쳐 나오는 것이 끝맺음이다.

처음 시작하는 이는, 다만 중간부분만 인식하게 되고 앞쪽의 끝남과 시작부분이 분명치 못하게 되나, 계속적인 노력으로 어느 정도 시간이 흐르게 되면, 처음에서 끝나는 부분까지 분명해지며, 아랫배의 일어남과 마음의 관찰이 정확하게 동시에 행해지게 되는 것이다.

사라지는 현상에 대해서도 역시 같은 방법이어야 한다. 마치 돌을 던져 표적에 정확히 맞추듯이 정확하게 관찰하는 것이다.

이와 같이 신체에서 일어나고 사라지는 현상을 관찰하며, 그 자연적 성품을 보는 것을 '가야누빠사나(Kayanupassana)'라고 하며, 동시에 '우다야와야빠싸나냐나(Udayavayapassana-Nāna)'라 한다.

"우다야와야"는 단순히 자신의 아랫배가 호흡을 통해 일어나고 사라지는 것이 아니라 일체의 모든 현상이 일어나고 사라지는 것이며, 몸의 가려움·아픔, 다리의 저림, 벌레의 기어오름에 의한 피부의 스멀거림 등도 모두 일어나고 사라지는 현상일 뿐 어느 것도 지속적으로 오래가는 것이 없다.

오래도록 앉아 있음으로 인한 다리의 아픔도 결국은 일어나고 사라지는 현상의 매우 빠른 속도이기 때문에, 고통이 뭉쳐진 듯 아프다고 할 수 있는 것이지, 사실 자세히 관찰하면 일어나고 사라지는 현상의 속도가 빠른 결과일 뿐이다.

이와 같이 모든 몸의 현상과 마음의 현상, 몸 밖의 자연적 현상일 뿐 아무것도 견고하게 영원히 남아있거나 머물지 않음을 자신의 아랫배의 현상을 통해 깨닫게 되는 지혜를 의미하는 것이다.

(4) 상기(上氣) 다스리는 법

상기(上氣)라는 것은 기(氣)가 머리로 올라가는 것을 말한다. 왜 머리로 올라가느냐 하면 참선하는 자세와 요령이 잘못되어서 일어나는 현상인데, 호흡 즉, 들숨과 날숨을 자연스럽게 두고 그냥 속으로 관찰만 하면 되는데 머리로 이것저것 생각을 하면서 헤아리는 까닭에 일어나는 증상이 나타난다.

이런 증상의 형태는 머리가 띵하고 무거우며, 가슴이 메스껍고 약간 어질어질하며, 심하면 어지러워서 쓰러질 듯도 하고 기분이 이상하게도 좋지 않게 될 때도 있다.

이러할 때에는 즉시 '상기(上氣) 증상이로구나'하고 알아차리고 자세를 똑바로 앉아서 허리를 쭉 펴고 고요히 복식 호흡으로 단전의 관점을 두고 찬찬히 내쉬는 숨을 사르르 내쉬고 깊이 들이 마시고 약 5~6분 정도 계속하고 나면 방귀도 나오고 하품도 나오게 되는데, 어떻게 보면 가스에 체한 것 같기도 하다.

그리고 나면 정신이 맑아지고 배나 가슴도 편안하게 된다. 참선을 하다 보면 자주 이상한 증세가 나타날 때가 있다.

그러할 때에는 선지식과 자주 상담하여 보는 것이 좋다.

(5) 안반수의경(安般守意經)의 근본원리(根本原理)

① 안반수의의 창안 동기

불재월지국사기유국(佛在越祇國舍羈瘊國) 역설일명차익가라국(亦說一名遮匿迦羅國) 시불좌행안반수의구십일(時佛坐行安般守意九十日) 불복독좌구십일자(佛復獨坐九十日者) 사유교계(思惟校計) 욕도탈시방인급연비윤동지류(欲度脫十方人及蜎飛蠕動之類).

부처님께서는 월지국의 사기유국에 머무셨는데, 이 나라를 차닉가라국이라고도 한다. 이때 부처님께서는 앉아서 안반수의를 90일 동안 행하셨다. 다시 90일을 홀로 앉아 생각을 가다듬어 온 세상의 모든 인간과 날아다니는 새와 꿈틀대는 동물들을 구제하고자 하였다.

당시의 고행자들은 숨을 오래 참는 호흡법을 닦았다. 이것은 우주의 생명력인 '프라나(prāna)'라고 하는 기운을 체내에 될 수 있는 대로 많이 흡수하여 저장해 두고자 하는 것이 주목적인 수련으로서, 불로장생을 누리고자 하는, 또는 특수한 능력을 얻고자 하는 사람들에게는 있을 수 있는 방법이다.

붓다의 출가와 6년 고행은 이러한 것을 얻고자 한 것이 아니고, 생로병사(生老病死)라고 하는 인생고를 해결하는 것이었기 때문에 그는 마침내 고행을 버리고 호흡이라는 삶속에서 인간적인 고뇌를 해결하는 길을 발견하게 된 것이다.

붓다는 고행이 아닌 즐거운 수행을 창안하였고, 생리적 욕구를 거역하는 극기가 아니라 삶속에서 그대로 삶과 죽음의 모순으로부터 벗어나는 새로운 방법을 보인 것이다.

② 자재(自在)와 자비(慈悲)

부언(復言) 아행안반수의구십일자(我行安般守意九十日者) 안반수의득자재념의(安般守意得自在念意) 환행안반수의이(還行安般守意已) 부수의행념야(復收意行念也).

또 이렇게 말씀하셨다.
"나는 안반수의를 90일 행하여 안반수의로 자재와 자비의 마음을 얻었다. (그 뒤에) 다시 안반수의를 행하면서 그 마음을 거두어 (이렇게) 생각한 것이다."

숨이 들어오고 나가는 것에 마음을 집중함으로써 드디어 자재

를 얻을 수 있음을 보이고, 다시 자비심이 스스로 솟아나는 것을
느낄 수 있음을 말하고 있다.

자재(自在)란 주관과 객관이 하나가 되어 서로 대립하지 않게
되고, 따라서 어디에도 걸리지 않기 때문에 나타나는 자유로움이
다. 주관이 객관에 끌리면 객관적인 어떤 대상의 노예가 되어 자
재를 잃게 된다. 주관과 객관이 하나가 되면 대립이 없어지므로
객관이 주관의 세계로 들어와 나의 것이 된다 이러한 세계가 자
재의 세계다. 주와 객이 없는 이 세계에서는 너와 내가 대립되지
않기 때문에 자비심이 솟아나는 것이다.

③ 여러 종류의 마음(Citanupassana)

자아(自我)가 있다고 하면 상견(常見)
자아(自我)가 없다고 하면 단견(斷見)
다만 인연에 따라 일어났다 사라질 뿐.

수행인이 좌선 중에 자신의 아랫배의 일어나고 사라짐을 관찰
하는 도중 지루함을 느끼게 될 때, 그 지루함이 거기에서 끝이
나지 않고 싫음으로 변하고 다시 혐오감 등으로 변하게 된다.

이때 신속히 지루한 느낌을 알고, '지루함, 지루함, 지루함'을
외우면서 관찰하면 지루함은 사라지게 된다.
기쁜 마음이나 분노심·탐심·진심·악한 마음·사랑하는 마음 등
마음의 변화를 일어나는 즉시에 인식하여 그 당처를 관찰하며 2

번 내지 3번 되풀이 하여 욀 때(입으로 소리내어 외우는 것이 아니며 머리로 생각하여 지어 가는 것) 이러한 마음은 사라지게 되는 것이다.

어느 순간에라도 일어남·사라짐을 관찰하되 마음 집중이 되지 못하고 다른 현상이 나타났을 때에는 즉시 그 자체를 인식하고 관찰함으로써 수행의 주체가 아닌 것은 곧 사라지게 되는 것이다.

그렇지 아니하면 객이 주인 노릇하는 결과가 되며, 갖가지 감정에 사로잡혀 많은 시간을 헛되이 보내게 되는 것이다.

이와 같이 마음의 변화를 알고 그 일어남에 대해서 신속히 처리하여 사라지게 함으로써 그것을 인식하게 되는데 이를 짓다누빠싸나(Citanupassana)라고 한다.

인간은 이런저런 생각을 통하여 자신의 존재를 알려고 하고, 또 자신이 그렇게 한다고 생각하려는 경향이 있다. 즉 내가 그렇게 슬퍼했고, 괴로워했고, 분노에 차 있었으며, 진심을 냈고, 욕심부리며 사랑하고 미워했다는 등 인간은 어려서부터 '나'라고 하는 존재가 함께 성장 생활해오는 것으로 여겨왔다. 그러나 사실 '나'라고 하는 존재가 함께 성장 생활해오는 것으로 여겨왔다.

그러나 사실 '나'라고 하는 어떤 존재도 함께 해온 것이 아니다. 다만 행동과 사물의 존재에 대한 인식 작용만이 계속되었을 뿐 '나'라고 하는 어떤 개체가 따로이 존재하는 것은 아닌 것이다. 부처님의 가르치심에 의하면 자아(自我)라는 관념은 실재하지 않는 환상적이고 잘못된 신념이다. 그것은 '나', '나의 것', 이기적인 욕심과 집착, 소유욕 등에 의해서 발로된 것이며, 그것은 동시에 속임과 교만과 이기적인 사고방식을 갖게 하는 것으로서 불선업(不善業)의 근본이 된다고 한 것이다.

중생의 내면 깊숙이에는 여러가지의 관념이 자리잡고 있다. 그것은 자기 보존과 영속적 보호를 위해서 내세우는 영원성, 참다운 '나'라는 사실성과 진실성이 없는 공상적인 '아사상(我思想)'이라고 할 수 있으며, 중생은 본능적으로 이를 통하여 자기의 약점과 허구성을 보호하려 한다.

또 다른 하나는 자신의 약점을 감추고 약한 의지를 강화하기 위하여 어떠한 창조적 절대자를 가정하여 그 속에 들어가 의지하고 보호받으려는 것으로 그 가상적·가정적인 절대자의 권능을 이용하여 자기의 욕구를 달성시키고 허상의 위치에 안주(安住)하려는 자기 속임수라 할 수도 있을 것이다.

그러나 이 모두가 진실 앞에서는 하나의 물거품과 같은 것이다. 모든 존재는 다만 조건과 결과에 의한 하나의 일어남과 사라짐의 연속이기에 어떠한 실제도 이 자연 속에 존재하는 한 영속성을 지니지 아니했다고 보는 것이다. 마음으로부터 일어나고 있는 모든 현상을 하나하나 관찰해보라. 그 현상의 일어나고 사라지는 것이 자연적 현상이며, 그 현상을 관찰하는 인식 능력도 역시 계속적으로 일어나고 사라지는 것임을 알면 여기에 '나'라고 하는 어떤 존재가 있을 수 없는 것이다.

부처님께서는 '나는 자아(自我)를 갖고 있다.'라는 견해를 상견(常見)에 빠져 있다고 하시었고, 동시에 '나는 자아를 갖고 있지 않다'고 주장하는 것은 단견(斷見)에 떨어져 있다고 하시었다. 어떤 사람들은 슬픔이 일어났다고 알아차리는 그 자체가 '나'라고 할 수 있지 않은가? 라고 반문하겠지만 슬픔이 일어났다고 인식하는 그 자체가 역시 하나의 일어나고 사라지는 현상에 불과한 것이다. 이는 오직 스스로 수행을 통하여 증명할 뿐 상상적이거나 관념적으로는 대답이 될 수 없고 문제해결의 길이 되지 못하는 것이다.

④ 고통을 참고 견디는 것

일념삼매(一念三昧)로 집중 관찰하여야 도과(道果)에 이르게 된다.

수행인이 좌선의 자리에 오래도록 앉아 있게 되면 몸이 뻣뻣해지고 피로하고 여러 군데 통증과 다리가 저려옴을 느끼게 된다. 이 같은 경우에도 역시 다리의 저려오는 부분이나 통증이 일고 있는 부분에 마음을 집중하여 그 현상을 관찰하게 될 때, 가벼운 통증이나 저려움은 즉시 사라지게 된다. 그러나 만약 그 가벼운 통증이나 저려움이 마음집중을 통해서 사라지지 않게 되면 다리를 펴거나 다리의 위치를 바꾸게 되는데, 이때 움직이는 동작을 서서히 진행하면서 모든 행동 하나하나에 마음을 집중시키도록 노력하여야 된다.

다른 한편으로 몸 위에 무엇이 기어오름이나 혹은 가려움 등을 느꼈을 때에도 즉시 긁어 버리거나 기어오르는 듯한 곳을 손으로 때려 무엇인가를 잡는 행동을 하지 않고, 가려움이나 기어오름을 인식함과 동시에 마음을 그 곳, 당처에 집중시켜 '가려움, 가려움, 가려움'을 3번 정도 관찰하면 가려움이 없어져 버리므로 그것을 느끼지 않게 된다. 이와 같이 모든 느낌을 통한 현상이 일어나는 즉시 그 당처를 관찰, 마음 집중을 시킴으로써 사라짐을 분명히 알게 되었을 때 "왜다누빠싸나(Vedavupassana)" 즉 느낌의 일어나고 사라지는 현상을 보았다는 것이다.

그러나 사실은 가려움·기어오름·피곤함 등에 '나'를 부여함이 잘못이다. 내가 얼마 전에는 괜찮았는데 지금은 피곤하다, 무엇이 기어오른다, 가렵다 등을 분별하게 되면 자신의 아랫배의 일어남, 사라짐을 관찰하는 집중력은 약해지고 산만해져서 '나'의 피곤, '나'의 가려움, '나'의 등에 무엇이 기어오름이 된다. 그러나 순간적으로 그 현상을 인식 관찰하게 되면 그 '나'의 피곤이라든지, 가려움, 기어오름 등은 사라지고 그것들은 '나'와 관계되는 것이 아니며, '나'라는 주체가 개입될 수 없다는 것을 알게 된다.

이는 하나의 새로운 현상이 일어나면, 먼저 것이 사라지고, 또 다른 현상이 나타나는 계속적인 것으로 마치 전류의 흐름과 같은 것이다. 전류가 흐름으로 해서 불은 밝혀지는데, 불빛이 계속 있음으로 해서 일반적으로 전류의 흐름에 끊어짐과 이어짐이라는 지속적인 현상이 있음을 마치 없는 듯이 착각하는 것과 같은 것이다. 그렇기 때문에 좋은 느낌이나 나쁜 느낌, 몸의 통증, 가려움 등을 매우 주의깊게 자세히 관찰하여 일어나고 사라지는 자연적인 현상을 정확히 알아야 되는 것이다. 이러는 동안 더러는 정말 몸이 뻣뻣하고 통증이 심하여 다리를 바꾸거나 일어서야 할 때가 있을 것이다. 그러나 참을 수 있는 데까지 참아야 한다.

부처님 말씀에 "참고 견디는 힘이 곧 열반(성불)을 증득케 한다." 하시었다. 어떠한 고통도 중생이 윤회를 통해서 겪는 고통만큼 큰 것이 없기에 이 고통을 끊어버리고, 동시에 이 경험을 다른 중생과 함께 하여 모두 열반을 증득케 하는, 즉 성불의 길에 오르게 하는 것이다. 참을성 없이 다리의 저림이나 몸의 피곤과 긴장감 때문에 다리를 자주 바꾼다든지 자주 일어섰다 앉았다 한다면 일념 정진이 되지 못하고, 고통이나 저려옴 등이 일어나고 사라지는 현상을 알지 못하게 되며, 삼매를 증득 체험하기란 매우 어려운 것이다.

삼매의 일념 정진을 이루지 못하면 내관적 깊은 경지에 도달하지 못하게 되고, 내관적 깊은 경지에 이르지 못하면 자신의 자연적 성품을 보지 못하게 되어 도(道 : Maga)에 이르지 못하며, 도(道)에 이르지 못하면 수행의 궁극적인 목표인 과(果 : Phāla), 즉 성불이 되지 못하는 것이다. 수행인이 수행하는 목적은 성불에 있는 것이기 때문에 참고 견디며 수행하는 데서만이 목표가 달성되는 것이다. 그렇기 때문에 성불하는 데는 참고 견디는 힘이 절대적으로 요구되는 것이다.

수행인이 외적인 육체의 고통과 내적인 마음의 갈등 불안·초조와 괴로움 등을 극복하지 못하고 쉽게 자리에서 일어서거나 마음집중을 포기한다면 이는 매우 애석한 일로써 마치 목이 마른 자가 물을 찾아 헤매다가 우물 가까이에서 되돌아 가는 것과 같다고 할 것이다. 그러니 좀더 참고 견디어 마음을 자유로이 방황 분별케 하지 말아야 되며, 자신의 몸에서 일어나는 어떠한 현상에든지 마음을 강렬한 힘으로 집중시켜 감으로써 그 현상에서 벗어날 수 있음을 알아야 한다. 이는 반드시 직접 수행을 통한 체험에서만이 이해되고 확인될 수 있는 것이다.

이와 같이 참고 견디며 고통의, 다리의 저림에 대해서 관찰하고, 이 역시 하나의 일어나고 사라지는 현상으로 분명히 마음을 집중시키면 마음은 다시 평온해지고 몸도 정상적으로 되며 가벼움을 느끼게 된다. 이때에는 다시 원위치인 자신의 아랫배의 일어남과 사라짐을 관찰하여야 되는 것이다.

⑤ 몸과 마음의 동작

몸의 동작에 마음을 집중하여 관찰하고 보면 사대육근(四大六根)을 관리하고 모든 번뇌가 일어나는 것을 직시하여 바르게 다스릴 수 있다.

몸의 상태가 정말 참을 수 없는 경우일 때는 우선 마음의 결정에 따른 변화를 인식 관찰하며, 다리를 바꾸겠다는 생각이 일어났음을 알고 "다리 바꾸기 원함, 다리 바꾸기 원함, 다리 바꾸기 원함"이라 왼 다음 일체 몸이 동작을 하나하나 마음이 함께 하도록 아주 서서히 움직이면서,

"움직임, 움직임, 움직임."
혹은
"다리를 폄, 다리를 폄, 다리를 폄"
이라 하며, 팔을 내릴 때는
"팔을 내림, 팔을 내림, 팔을 내림."
손이 어느 부분에 닿으면
"손이 닿음, 손이 닿음, 손이 닿음."
일어설 때는
"일어섬, 일어섬, 일어섬."
서 있을 때는
"서 있음, 서 있음, 서 있음."
걷고자 할 때는
"걷고자 함, 걷고자 함, 걷고자 함."
이라 하여 마음이 분명히 알게 한다. 왜 그리해야 하는가. 움직임 따라 명칭을 붙이지 않으면 움직이는 동작에 "나"가 개입되므로 "내가 움직인다."라는 착각에 빠지게 되지만 명칭을 붙임으로 해서 중간의 어떤 주인(主人)이 존재하지 않고 마음의 명령에 몸이 움직이는 현상을 분명히 알게 하기 위함이며, 습관을 들이기 위해서이다.

마치 유치원생이 처음 글자 익히기 공부할 때, 배우는 글자를 흑판에 써놓고 소리내어 읽음으로써 분명히 마음속에 기억되게 하며, 분별을 갖게 해주고, 인식을 빨리 하기 위함과 같은 뜻이다. 걷고자 하여 걸을 때 속도가 약간 빠르면
"오른발 왼발, 오른발 왼발, 오른발 왼발."

을 계속 관찰하며 걷는 경행을 약 1시간 정도 하며, 마음을 걷기와 다리의 움직이는 변화에 집중시킴으로써 비록 몸이 움직이더라도 그를 관찰하는 마음을 앉아서 아랫배의 일어남과 사라짐을 관찰하는 것이나 차이가 없게 됨으로써 앉아서와 걷기에 차별 없는 정진이 계속되고 걷는 과정에서도 삼매가 현전할 수 있음을 알게 되는 것이다.

만약에 서 있는 상태에서 천천히 걸으며 걷기 경행을 하려 한다면 3단계로 구분하여 시작한다. 걷고자 할 때 역시
"걷고자 함, 걷고자 함, 걷고자 함."
을 하여 자신의 뜻을 밝히고 발을 들어 올릴 때
"들어서."
라고 생각하며, 천천히 들어올리고 동시에 들어올리는 다리의 변화를 관찰하고 몸을 받들고 있는 다른쪽 다리에 일어나고 있는 현상을 피부와 근육의 감각을 토하여 느끼며, 다리가 들어 올려져 앞으로 밀 때에는
"앞으로."
라고 외우면서 다리가 앞으로 나아갈 때 바람결에 스치거나 거슬리는 것을 느끼며 관찰한다.

다시 다리를 내려놓을 때 "내려놓음."
이라 외우며, 무거운 발을 서서히 내려놓을 때의 다리의 중량과 변화의 상태 등을 살피며 계속하여
"왼쪽 다리를 들어서 앞으로 놓음, 오른쪽 다리를 들어서 앞으로 놓음."

이라 계속하여 1시간 정도를 일념이 되게 하여야 되는 것이다. 이와 같이 몸의 움직임을 마음이 관찰하는 과정은 오직 비물질(Nama)의 명령과 물질(Rupa)의 운동에 의한 반응으로 상호 연관 관계에 의해서 이루어지고 있는 물리적 현상으로서 하나의 행동이 끝나면 다음의 행동이 연속되어지는 원인과 결과의 원리일 뿐 그 당처 자체에 '나'라든지 '내 것'의 움직임이라는 어떠한 주관적(主觀的) 관념이 존재할 수 없다는 사실을 스스로 체험을 통해서 알아야만 자신의 정신과 육체의 자연적 성품을 알 수 있게 되는 것이다.

이와 같이 수행함으로써 수행인의 삼매가 이루어지게 되고 지혜가 나타나게 되는 것이다.

어떠한 물체적인 행동에도 마음의 명령에 의한 움직임이 있을 뿐이며, 여기에서 마음과 몸(Nama : 나마, Rupa : 루빠) 혹은 비물질과 물질(非物質·物質)의 조화감을 이루게 된다. 걷기가 끝나면, 돌아오는 위치에서 자리에 앉을 때까지의 모든 행동을 처음 자리에서 떠날 때와 똑같이 관찰하며 하나의 동작이라도 놓침 없이 자리에 앉는다. 그런 다음 원위치인 자신의 아랫배의 일어남과 사라짐의 관찰로 돌아왔을 때, 마음은 육체의 움직임에 동요 없이 지속적이고 일념적인 일념상태가 되어 극히 평화로워지고 고요해지는 것이다.

이와 같이 일관적이고 지속적인 정신집중이 계속될 때만이 강한 삼매를 이룰 수 있으니 마치 나무와 나무를 서로 마찰시키어 그 힘으로 불을 이루게 되는 것과 똑같은 결과가 되는 것이다.

불을 일으키고자 하여 나무와 나무를 힘껏 문지르다가 팔이 아프거나 힘이 든다고 잠시 쉬게 되면 그 사이 뜨거워졌던 나무가 식어버리게 되어 불을 얻기는 불가능한 것이다. 오직 지속적인 노력의 힘으로 마찰을 일으켰을 때 불은 타오르게 되어 목적을 이루는 것과 같은 것이다.

여기서 참고 견디는 힘과, 끈질긴 노력이 없으면 성공하지 못한다는 사실을 알 수 있듯 이 사마디(Samadhi : 三昧) 역시 계속적인 마음의 집중력에 의해서 이루어지게 되고, 이 사마디를 통해서 내관(內觀)이 이루어져 도(道)와 과(果)를 얻게 되므로 이 목표가 달성될 때까지 계속 끊임없는 정진을 해야 되는 것이다. 처음 수행인의 모든 행동에 마음이 함께 하는 습관을 갖기 위해서는 모든 행동을 급히 서두르지 않고 천천히 움직여야 한다. 그렇게 함으로써 마음이 몸의 움직이는 당처를 관찰할 수 있기 때문에 마치 나이 든 노인네가 오랜 병을 앓고 나서 회복하는 사람이 움직이듯 해야 할 것이다.

일반적으로 건강한 사람들은 몸의 움직임이 매우 빠르고 민첩하나, 병약한 사람이나 노인네들은 그렇게 할 수 없기 때문에 매우 천천히 조심성있게 움직이게 되는 것이다. 수행인들도 이와 같이 함으로써 몸의 동작 하나하나가 마음의 명령에 따라 움직이거나, 아니면 몸의 동작에 마음이 함께 하는 결과가 됨으로써 마음이 간단(間斷)이 없고 계속적으로 집중되는 현상을 갖게 되기 때문이다.

처음 시작하는 수행인은, 이 같이 천천히 움직이는 동작에 따라 마음으로 관찰하는 것을 몇 주에서 2~3개월, 하루 10~16시간 정도 수련해 나아가면 마음이 단련되어 빨리 움직이는 경우에도 마음은 그 움직임을 언제나 인식하고 스스로의 행동에 자제하게 될 뿐 아니라 순화된 태도를 갖게 되므로 수행이 되지 못한 사람과 매우 다르게 되는 것이다.

수행인은 비단 몸의 움직임만을 천천히 병약자처럼 하는 것이 아니라 오관(五觀)을 통하여 일어나는 모든 현상도 같은 방법으로 대응한다. 자신의 수행에 직접 관계되지 않는 것을 들어도 못 들은 척, 보아도 보지 못한 듯, 냄새가 있어도 없는 듯, 어떤 느낌이 있어도 없는 듯 관심 기울이지 않아야 되며, 만약 필요에 의해서 관심 기울일 때는 반드시 자신의 마음을 아랫배의 관찰로부터 옮겨 어떤 사물을 보고자 한다는 사실에 두고 '보고자 함, 보고자 함, 보고자 함.'이라 3번 내지 4번 정도 관찰 인식하고, 다시 어떤 사물을 직접 보고 있는 동안에도 '보고 있음, 보고 있음, 보고 있음.'이라 외우고 인식 관찰함으로써 자신이 그 사물에 몰입되어 즐거워하거나 싫어하는 현상을 일으키지 않도록 한다.

이렇게 하여 집착과 소유욕을 일으키지 않게 됨으로써 자신을 물질의 유혹으로부터 지키게 되고, 동시에 마음의 흔들림이 없게 해주는 유일한 보호 방법이 되는 것으로서 기타 감각기관도 같은 방법으로 다스려 보고 듣고 느끼며, 냄새와 만짐에 차별을 두지 않아 평등해지고 마음의 동요를 받지 않게 되며, 번뇌가 자라는 원인을 제거하게 되는 것이다.

이와 같은 관찰의 방법으로 여섯 가지 문(눈·귀·코·혀·몸·마음)을 통하여 일어나는 좋아함과 싫어함 등에 매달려 끌려가면서 탐·진·치를 일으키는 마음을 다스릴 때 마음은 바깥 현상 경계에 끌리지 않고 고요해지며 평화로워진다.

이와 같은 관찰의 방법으로 여섯가지 문(눈·귀·코·혀·몸·뜻)을 통하여 일어나는 좋아함과 싫어함 등에 매달려 끌려가면서 탐·진·치를 일으키는 마음을 다스리니 마음은 바깥 현상 경계에 끌리지 않고 고요해지며 평화로워진다.

이때 비로소 육근이 청정해지고(여섯 가지 문단속이 잘되어 깨끗함) 사대(四大 : 우리의 몸을 구성하고 있는 기본적 요소로서 흙의 성분인 뼈·머리카락·손톱, 물의 성분인 피·고름·소변·눈물·콧물, 불의 성분인 몸의 더움과 차가움, 바람의 성분인 손의 움직임· 눈의 움직임·호흡 등)가 강건하여진다. 즉 네 가지가 균형을 맞추어 기능을 발휘한다.

⑥ 아난존자와 경행(걷기)과 정진

아난존자의 일일일야(一日一夜)의 삼매(三昧) 경행정진으로 아라한의 과(果)를 얻음

수행인의 좌선 중 허리를 펴기 위해서 눕고 싶을 때에도 역시 우선 심경의 변화부터(눕고 싶다는 생각을 망상이라고도 할 수 있지만 그 자체를 관찰함으로써 생각의 뿌리 없이 움직이는 모습과 일어나고 사라지는 현상을 깨닫게 해주는 또다른 형태의 수행의 주제(主題)가 되는 것이라 함) 관찰하여 '눕고 싶다, 눕고 싶

다, 눕고 싶다.'를 관찰 인식하여 거기에 따라 관계되어 일어나는 모든 몸의 행동, 즉 다리를 펼 때 천천히 몸을 움직이면서 다리 근육의 이완과 행동 현상을 피부로 느끼며, 마음으로 '다리를 폄, 다리를 폄, 다리를 폄.'하며 팔을 펴서 뒤로 돌릴 때도 역시 다리의 동작을 살피듯 한다.

또 손이 방바닥에 닿았을 때는 '손이 닿음, 손이 닿음, 손이 닿음.', 허리를 펴고 누울 때는 '누웠음, 누웠음, 누웠음.'이라고 하여 몸의 모든 동작이 마음과 함께 끝난 다음에는, 마음을 다시 아랫배의 일어남·사라짐에 집중시키되 만약에 누운 자세에서 아랫배의 운동작용이 분명치 않아 스스로 일어나고 사라지는 현상을 피부로 느낄 수 없을 때는 자신의 두 손바닥을 아랫배의 배꼽 주위에 조용히 놓으면서 손의 동작을 관찰한 다음 손바닥으로 아랫배의 가벼운 진동작용을 느끼도록 한다. 이와 같이 해서 맑은 정신으로 분명히 관찰하여 졸음에 떨어지거나 잠에 빠지지 않도록 노력해서 1시간 정도 보내야 한다. 그러나 처음 시작하는 수행인들에게 가급적 누워서 정진하는 것을 권장하지 않으며, 다만 취침 전에 와선(臥禪)을 하도록 하는 것은 누우면 쉽게 잠이 들기 때문이다.

부처님의 오랜 시자였던 아난존자는 부처님 생존 당시 오직 수다원과의 위치에 머물러 있었다. 그런데 부처님께서 열반에 드신 다음 가섭존자에 의해서 500아라한을 모아 부처님의 경전을 결집토록 하였다. 그러나 아난존자는 경전의 결집 전날까지 아라한이 아니었기에 결집에 참석할 자격이 없었다. 그렇지만 아난이 참석하지 못하면 경전의 외워냄이 불가능하여 경전이 결집되지 못하는 처지에 놓이게 되었다. 이때 아난은 아라한과의 성취를 결심하고 정진 노력 중이었으나 결집 전날 밤에 이르도록 깨달음을 이루지 못하고 있다.

초조한 마음으로 경행 정진인 "가야갓타사띠(Kayaghattasati : 일정한 장소에서 마음을 걷는 데 집중시키며 왔다갔다 하는 것)"를 계속하는데 경전 결집 날의 먼 동이 터오고, 이때 스스로 느끼기를 "정진에는 행·주·좌·와에 균형을 지켜야 하는데 나는 너무 걷기만 했구나. 이제 처소에 들어가 누워서 허리를 쉬며 정진하겠다."라고 마음의 변화를 관찰하며 눕기 시작하여 머리가 베개에 채 닿기 전에 깨달음을 성취하여 모든 부담과 무거웠던 짐을 일시에 내려버린 듯 가벼운 몸이 되고, 모든 번뇌로부터 자유롭게 됐으며, 법에 대해 의심이 없어 부처님의 경전을 결집하는데 참석했던 것이다.

아난존자는 사실상 일반적 수행 자세인 행·주·좌·와(行·住·坐·臥) 4위의(威儀)에 속하지 않은 자세에서 깨달음을 성취한 유일(唯一)한 분인 것이다.

누워서 정진을 1시간 정도 행하고, 다시 일어설 때도 누울 때처럼 모든 행동을 관찰하는 마음을 집중시키며, 다음으로 걷기 내지 좌선으로 옮기면서 몸의 움직임에 마음이 함께 하였기 때문에 간단히 없고 흐트러짐이 없어서 적정(寂靜)해졌을 때, 삼매가 굳고 깊어지므로 일어나고 사라지는 모든 현상이 아주 미세하게 되고 그럼으로써 마음 집중력은 응축되어 그 힘이 마치 수소가 응축 극점에 달하여 조그만 충격에도 가공스러운 폭발력을 내듯

이, 모든 번뇌를 처리하는 무서운 힘을 갖게 된다. 동시에 깊은 내관을 이루게 될 때, 큰 깨달음은 일순간에 나타나게 되고, 그것이 어느 때, 어느 곳일지 예측할 수 없게 되는 것이다.

그렇기 때문에 마음을 집중시키는 수행인들이 적은 쉬임과 번뇌의 침입을 가벼이 여기고 마음집중을 간단(間斷)이 있게 한다면 삼매가 지속적으로 유지되지 않기 때문에 깨달음은 자꾸만 지연되는 것이며, 이것은 마치 나무와 나무의 마찰로 불을 일으키려는 사람이 자주 쉼으로 해서 나무와 나무 사이에 충분한 열을 내지 못하는 것과 같다고 할 것이다.

수행인이 마음집중 수행에 조그만 간격이라도 생기지 않게 하기 위해서 지속적으로 노력하고 인내로써 어려움을 극복하며, 큰 용기로써 하나의 현상도 놓치지 않고 용맹스럽게 관찰하며, 굳은 결정심으로 정진하고 깨달음에 대한 확신과 부처님의 가르치심에 대해 신심을 가지고 수행해 나간다면 모든 정신적 장애가 제거되고 마음집중이 깊어지므로 삼매를 이루게 된다. 공부 즉 수행을 신심있게 바르게 성실하게 지어가면 수행에 진전 있음을 하루가 다르게 본인 자신이 느끼게 된다.

그 예로서 마음의 견고한 집중상태와 졸음의 적음, 망상이 기회를 얻지 못하는 사실 등 본인 자신이 너무도 선명하게 느끼게 되고 알게 되는 것이다. 수행을 열심히 하는 사람은 잠을 잘 때에도 자신의 아랫배의 일어남과 사라짐을 깊은 잠이 들 때까지 계속 관찰하게 되고, 또는 잠이 들었다가 깨어날 때에도 잠시의 공간 없이 곧바로 일어남과 사라짐을 역력히 하게 되기도 하며, 더러는 잠을 자기 위해 누웠다가 2~3시간 정도를 정진으로 보내게 되는 경우도 있으며, 정신이 더욱 맑아지며, 육체에서 일어나고 사라지는 현상이 너무도 선명하여 몸과 마음이 일체가 되어 오히려 잠을 자고 난 다음 보다 더 상쾌함을 느끼게 해준다.

이와 같이 극히 작은 행동 하나라도 놓침 없이 하나하나의 현상을 정확하게 분명하게 관찰하여 그 현상의 실체를 바르게 알아야 한다. 하나의 현상도 놓침없이 관찰해가는 것은 마치 바다속에 돌을 던져 돌을 쌓으려는 노력과 똑같은 것이다. 돌을 물 속에 던져 넣을 때 쉽게 눈에 보이지 않는다고 중단하면 돌을 쌓을 수 없게 되나 계속 쉬임없이 던져 넣었을 때 돌 하나하나가 각기 자리메움의 역할을 하여 어느 날 수면 위로 차오르게 되는 것과 같은 것이다.

⑦ 망상을 다스리는 법

> 모든 현상을 있는 그대로 일어나고 사라짐을 관찰함으로써 모든 번뇌와 공포가 사라지고 평온을 얻는 것을 견성(見性) 즉 성품을 보았다고 한다.

좌선으로 모든 행동이 정지되어 있을 때에는 언제나 분명하고 정확하게 아주 가까이 자신의 아랫배의 일어남·사라짐에 온 마음을 집중시켜야 한다. 마음집중이 매우 순수하게 일어나고 사라지는 현상을 시작에서 중간과 끝맺음까지 관찰되는 과정에는 좌선의 자세가 매우 바르고 의연히 앉아 있게 되나 마음의 일념이 망상 따위로 흐트러지는 순간 몸은 동요를 일으키며 균형을 잃어 앞뒤로 흔들리게 된다.

이와 같이 흔들릴 때에는 즉시 '흔들림, 흔들림, 흔들림'이라 관찰하면서 몸의 자세를 바르게 하여야 한다. 만약에 몸이 옆으로 움직일 경우에도 '움직임, 움직임, 움직임'을 인식하면서 자세를 바르게 한 다음 원위치인 일어남·사라짐으로 되돌아와 계속 매우 밀착된 상태에서 관찰하여야 된다. 계속해서 일어남·사라짐을 관찰함으로써 마음집중이 평온스럽게 되어 가는 중에 망상이 떠오르면 그 즉시 알아차리고 '망상, 망상' 관찰하면서 마음집중을 망상의 당처에 두면 망상은 사라지고 다시 고요해진다.

탐심이 일어났을 경우 탐심이 일어났음을 알아차림으로써 스스로를 인식하고 수련해가며, 진심이 일어났을 경우에도 곧바로 진심이 일어났다는 사실을 인식하는 순간에 진심은 사라지게 되는 것인데, 수행이 되지 못하면 진심에 사로잡히고, 진심의 노예가 되어 여러가지 부작용을 일으키며, 진심으로 인하여 잃는 게 수없이 많게 되는 것이다.

진심을 다스리려면 참는 것도 하나의 방법이 되겠지만, 참으려 하면 진심은 더욱 기승을 부려 자신을 다스릴 수 없는 경지에까지 이르게 되므로 진심이 일어났다는 사실을 재빨리 인식하고 동시에 '진심, 진심, 진심' 하며 마음을 집중하면 진심의 불꽃은 사라지게 되는 것이다.

이와 같이 진심을 사라지게 하는 과정은 너무도 빠르기 때문에 밖으로 나타나기 전에 정리될 수 있으나 다만 얼마나 빨리 진심이 일어났음을 인식하고 자각하게 되느냐가 문제인 것이다. 그렇기 때문에 마음에서 일어나고 있는 모든 현상을 재빨리 포착 인식하고 관찰하는 수행법이 요구되는 것이며, 이 위빠싸나(Vipassana) 수행법이 탐·진·치를 다스려 덕이 높고 평온하며, 슬기로운 수행인 내지 사회인이 되게 하는 것이다. 흔히들 생각을 비운다 하나 생각이 비워질 수는 없는 것이다.

왜냐하면 생각이 차있어 고정적으로 남아있는 게 없기 때문에 비울 수가 없는 것이 아닌가, 모든 현상은 잠시도 머무르는 바 없이 계속적으로 일어나고 사라질 뿐인데, 어디에 무엇이 머물고 있기에 비워야 되겠는가, 머무는 바가 없고, 가득한 게 없기에 비울 것이 없다. 다만 자연적으로 일어나고 사라지는 마음의 현상들을 하나라도 놓치지 아니한 채 세밀히 관찰해 감으로써 그 자연적 성품을 알게 되고, 그 근원을 알게 될 때, 그것을 처리할 수 있는 지혜가 열리게 되고, 그로 인해 일어나는 불안과 공포가 없어지게 되고, 감정의 노예가 되지 않게 되는 것이다. 이와 같은 수행단계를 "찟따누빠싸나(Citanupassana)"라고 하며, 이는 곧 "마음의 일어나고 사라지는 모든 현상을 보았다"라는 뜻이다.

만약에 마음의 일어나고 사라지는 현상관찰이 없다면 마음은 고정된 것처럼 보이고, 어느 곳에 자리잡아 머물고 있는 것처럼 보이기 때문에 마음을 비운다고 하는 것은 사실과 관계없는 하나의 관념인 것이다. 위빠싸나 수행은 마음의 현상을 고정시키는 것이 아니라 마음의 현상을 따라 그 자연적 움직임을 관찰하여 마음의 본성을 깨닫게 해주는 유일한 수행법이다.

이 수행에서는 오직 사실적이며 현실적인 현상을 적나라하게 보게 해주고, 깨닫게 해주는 것이기에 흔히 말하는 견성(見性)의 가장 바르고 빠른 길이 된다. 왜냐하면 가식적이고 관념적인 마음을 만드는 것이 아니라 마음의 자연적 활동의 껍질을 벗기는 것이기 때문이다.

⑧ 수마(睡魔)를 극복하는 법

수마(睡魔 : 졸음)를 이기는 것이 견성(見性)의 가장 빠른 지름길이다.

좌선 수행 중에 육체적 피곤과 혹은 긴장감의 해소 내지는 경각심의 부족으로 인하여 마음 집중이 약해질 때, 졸음이 가장 빨리 그 상태를 이용하여 침입해 온다. 이때 자신이 정신을 차리지 못하면 졸음에 떨어져 혼미한 상태에서 거대한 몸이 바람 앞에 버드나무 가지 흔들리듯 하며, 설사 몸은 심하게 움직이지 않는다 해도 고개를 떨어뜨린 자세라든지 심지어는 코까지 고는가 하면, 앞뒤로 흔들다가 앞이마를 마룻바닥에 찧는 경우가 예사로써, 이는 필자가 미얀마 마하시 수도원에서 외국인과 함께 생활할 때 종종 목격했던 사실이다.

이 상태에서 무엇을 인식하며 무엇을 경험하고 있을까? 어떤 수행인은 "졸음 속에 수행이 있다. 혹은 자기의 주제(主題)가 역력하다." 하는데, 이는 참으로 기적과 같으며, 만약에 사실 그 정도로 정신력이 강하다면 무엇인들 못할까? 그 속에서도 지혜가 얼마든지 나타나야 될 터인데…. 수행인은 졸음에 대해서 좀더 냉정하고 그 악영향을 깊이 생각해야 된다. 생각건대 차라리 망상 피우고 있는 것이 졸음에 떨어져 있는 것보다 나으리라 본다. 왜냐하면 망상을 피우는 것이 졸음에 의식을 잃고 있는 것보다는 훨씬 스스로 깨닫고 정진하려 노력하는 기회가 많을 것이기 때문이다.

수행 중에 졸음이 올 때는 우선 자신에게 지금 졸음이 오고 있음을 인식하는 일이 중요하다. 이 같이 인식되면 재빨리 '졸립다, 졸립다, 졸립다.'고 관찰하고 계속해서 정신을 차리고 있으면 어느 정도 쉽게 졸음에서 벗어날 수가 있다. 그리고 강도 높은 졸음일 경우에도 쉽게 물러설 것이 아니라, 눈꺼풀이 무겁게 내려옴을 느끼며, 정신이 더욱 깊게 혼미해지려 할 때 계속해서 '눈꺼풀 닿음, 눈꺼풀 닿음, 눈꺼풀 닿음.'한 다음 '졸립다, 졸립다.'를 연속적으로 외우다시피 하며 노력하다 보면 이제는 또다시 눈이 무거움을 느낀다. 이때에는 졸립다 생각하던 것을 '무거움, 무거움, 무거움.'이라 하고, 다시 '졸립다, 졸립다.'를 계속하면 눈이 무엇에 찔리는 듯 따끔거리기 시작한다.

여기서 정신을 놓아버리면 일순간에 깊은 잠에 떨어지게 되나 따끔거리는 사실을 재빨리 인식하고 눈이 '따끔거린다, 따끔거린다, 따끔거린다.' 관찰하면 따끔거림이 가시면서 정신이 약간 맑아지는 듯하다. 이때 계속 다시 '졸립다, 졸립다.'를 되풀이하면 머리의 뒷부분에서부터 어떠한 바람이 불어오는 듯함과 동시에 눈꺼풀이 일시에 확 올라가는 듯함을 느끼게 되며, 졸음은 사라지고 맑은 장신이 된다.

이때에는 '맑은 정신, 맑은 정신, 맑은 정신.'이라 관찰한 다음 다시 원위치인 일어남·사라짐으로 돌아간다. 이 진행시간이 대개는 약 2~3분에서 10~15분까지일 수도 있으며, 더욱 많은 시간을 필요로 하기도 한다. 뒤에 부처님께서 비구들에게 졸음을 극복해 나가는 데에 관해 설법하신 것을 이야기하겠다. 이와 같이 졸음을 극복하도록 노력하여 실지로 졸음을 이겨내는 경험을 얻어냄으로써, 자신에게도 도움이 되고 뒤에 배우는 사람들에게도 도움을 줄 수 있는 것이다.

그러나 위와 같이 계속적이고 용기있게 노력했음에도 졸음이 가시지 않을 때에는 어쩔 수 없이 자리에 누워 휴식을 취하도록 한다. 그러나 이는 졸음에 항복함이 아니라 육체적 휴식이기 때문에 시간을 정하여 15~30분 정도로 그쳐야 하며 계속해서 일어남·사라짐의 관찰을 놓치지 않도록 해야 한다.

그러나 진지하게 열심히 수행하는 사람들은 졸음에 시달림이 적게 되고, 잠을 자는 시간도 밤 10시에서 2시까지나 밤 11시에서 1시까지 정도이다. 부처님께서 비구들에게 허락하신 수면시간은 4시간에서 특별한 경우 6시간 정도이다. 이 특별한 시간은 환자나 초보자나 건강상의 이유가 있는 사람들로 제한된다.

부처님께서는 삼경(1~3시까지)의 정진 삼매의 시간이 주무시는 시간이었다고 하시었다. 처음 수행하는 이들은 4시간이 부족하다고 생각될 수도 있을 것이며, 참으로 부족하다면 5~6시간을 취할 수도 있을 것이다. 이 6시간의 수면은 수행인에게 너무도 충분하므로 수면부족으로 인한 건강문제가 생길 수 없을 것이다. 깨달음을 목표로 수행하는 이는 수면을 줄여가면서도 정진에 힘을 써야 할 것이며, 섬세하고 예리한 관찰력으로 모든 현상에 마음을 집중시켜 나가야 할 것이다.

　그러므로 잠자리에서 깨어나는 즉시 자신이 잠에서 깨어남을 관찰하고 일어나는 순간에서부터 자리 정돈, 대소변, 세수과정 등의 모든 면에서 동작이 빠를지라도 가급적 마음으로 정확하게 관찰 인식하는데 최선을 다해야 할 것이다.

　졸음을 다스리는 방법 가운데 가장 중요한 첫 단계는 우선 자기 자신에게 졸음이 오고 있음의 인식이다. 마치 재산을 가진 집 주인이 문단속을 잘하고 바깥 상황에 경계심을 가지고 있거나 바깥에서 도둑이 들어오려는 상황을 바로 느낄 때 인기척을 방안에서 하면 도둑은 급히 달아나버린다.

　그러나 만약 도둑이 접근하여도 방안에서 그 사실을 모르고 있다면 도적은 주저함이 없이 그 집안에 들어와 필요되는 물건들을 훔쳐가게 되는 것처럼 졸음이라는 도둑이 수행하는 사람의 집에 들어와 수행인을 망쳐놓고 비참하게 만드는 것이다. 수행인들은 졸음에 대하여 참으로 경각심을 가지고 다스려 나가야 본인이 원하는 목표에 이를 수 있다는 사실을 명심해야 한다.

⑨ 식사 시의 관찰

식사시간은 가장 성(聖)스러운 것이다. 바로 보고 바로 먹지 않으면 영양소가 절반으로 떨어진다.

식사를 시작하기 위해 밥상 앞에 앉는 과정에서 밥상을 바라볼 때에 마음 집중은 '바라봄, 바라봄, 바라봄.'이라 하며, 팔을 펴서 음식을 집어서 먹을 때 등을 면밀히 관찰함으로써 음식을 대하는 태도가 달라지고, 음식을 참으로 수도하는데 필요한 약으로 먹을지언정 주린 배를 양껏 채우기 위해서 먹지 않게 되며, 시주자 혹은 음식을 만든 이에게 감사함을 갖게 되는 것이다. 음식을 입에 넣을 때와 씹을 때 그 동작을 관찰하면서 그 맛을 인식하고 먹어야 하는 것이다.

그럼으로써 그 음식에 대한 참다운 맛을 알게 되고, 소화액이 음식에 충분히 함유되어 소화에도 도움이 될 뿐만 아니라 영양분의 흡수 효과도 매우 높게 되는 것이다. 이와 같이 식사 중에 일어나는 모든 육체적인 동작을 관찰하고 인식해야 되나 처음 시작하는 이로서 너무도 많은 동작을 모두 관찰할 수 없으므로 많은 부분을 놓치게 되는 것이 사실이다.

그러나 계속적인 노력을 하면서 마음 집중이 점차 향상 되어가며 좌선 등의 시간에서 삼매를 경험하게 되면 쉬워지게 되며, 수행이 깊어지게 되면 의식적으로 관찰 인식하려는 것이 아니라 바로 자연적 현상으로 함께 하게 되기 때문에 모든 행동에 주의

가 뒤따르고 법도와 품위가 있게 되는 것이다.

또한 꼭 필요한 행동만을 하게 되기 때문에 수행인으로서 부족함이 적어지게 되며, 마침내 성스러운 고상한 행동으로 다른 사람들의 모범이 되게 하는 것이 수행의 결과요, 수행에 대한 보람이며, 마땅히 나타나야 될 현상인 것이다. 이와같이 수행자가 음식을 대하는 태도가 겸허하고 자신의 감정을 억제하는 데서 수행자의 위치는 향상되는 것이며, 행동의 품위와 고결함이 자연스럽게 드러나게 된다.

⑩ 담마누빠사나(Dhammanupassana)

> 제행무상(諸行無常)의 진리의 증득(證得)으로 애욕(愛慾)의 굴레에서 해탈을 얻음. 무아(無我)의 삼매(三昧)에서 법공(法空)의 법희(法喜)를 얻는다.

내적인 관념과 외적인 현상, 어떤 감정이나 생각 즉 좋은 것이든 나쁜 것이든 간에 그것에 사로잡혀 노예가 되지 않고 초월하며, 완전히 다스릴 수 있다면 그는 대장부요 어진 자이며, 지혜로운 자라고 할 수 있을 것이다. 이와 같은 자격은 어느 특정인에 제한된 것이 아니라 모두에게, 어떤 종교인이라도 관계없이 능력과 잠재력이 있는 것이다. 다만 그 방법을 달리했거나 아니면 모르고 있기에 범부 중생이라고 할 뿐이다.

수행인이 망상과 모든 감정의 일어나는 순간을 곧바로 알아차

렸을 때는 즉시 처리될 수 있는 것인데, 더러는 얼마간 시간이 지난 다음에 알 수 있거나, 아니면 알지도 못하는 사이에 지나쳐 버리게 되고 만다. 이러할 때에는 자신에 대해서 미워하거나 분개심을 가질 수 있으나 그것이 오히려 좋지 못한 것이니 다만 더욱 굳게 결심하기를, 이후부터는 하나라도 놓치지 않겠다고 다짐하고 그 망상에 끌려가며, 자리 위에 앉아 있지 않도록 높은 경각심과 결정심을 가지고 수행할 뿐이다.

수행 중에 망상 뿐만 아니라 관념·생각·개념·사물, 즉 법에 관하여 그들이 어떻게 생겨났다가 어떻게 사라지는가, 어떻게 성장해서 어떻게 쇠퇴하며 처리되었는가 등 그 본성을 관찰하며, 갖가지 빛과 성상(聖像) 등을 보게 되며, 매우 즐거운 세계, 아름다운 동산, 자신이 허공 위에 앉아 있는 것, 자신의 몸에서 광명이 나거나 타는 듯한 불빛 같은 것이 나오는 것, 구름 위에 앉아서 많은 신비스러운 경계 등을 보거나 아니면 날아가는 모습 등도 역시 재빨리 인식하고 '경계가 보임, 경계가 보임, 경계가 보임'이라든지, '빛이 보임, 빛이 보임, 빛이 보임'이라든가, '성상의 보임, 성상의 보임, 성상의 보임' 등, 일어남 자체를 객관적인 차원에서 관찰하면 그 모든 경계가 순간적이거나 혹은 서서히 사라지게 된다.

이와 같이 자연적 경계의 일어남과 사라져 가는 현상을 관찰함으로써 그 자연적 성품을 알게 되어 다시 수행의 원위치로 돌아와야 되는데, 그와 반대로 그 경계를 좋아하고 집착하여 시간을 보내거나 아니면 없어진 것을 다시 나타나기 바라는 마음을 가져서는 안 된다. 어떤 경계에 부딪혀 좋다고 생각되는 현상도 결국 일어나고 사라지는 자연적인 것일 뿐 실체가 아니기에 기대한다고 다시 나타나거나 원하고 좋아한다고 오래 존재하지 않음을 알아야 한다. 위와 같은 모든 좋은 경계와 생각·개념·관념 등이 일어나고 사라지는 현상을 분명히 보게 되는 것을 "담마누빠사나(Dhammanupassana)"라고 한다.

즉 "정신적인 모든 좋은 경계와 나쁜 경계 등의 일어나고 사라지는 현상을 보았다."라는 뜻이다. 수행인은 이러한 경계도 즉 좋은 것이거나 나쁜 것이거나 두 번 똑같이 계속 반복되는 결과가 없다는 진리를 깨달아야 한다. 왜냐하면 연속적인 두 순간은 있어도 그들은 똑같지 않다. 매 순간마다 그것들은 일어나고 또 사라지기 때문이요, 변하고 있는 진리이기 때문이다.

이와 같이 자연적으로 일어나고 사라지는 현상을 직접 수행을 통하여 자세히 이해하고 깨닫게 됨으로써 스스로 확신이 되는 것은 제행무상의 진리이다. 이로 인하여 모든 집착과 애착 그리고 소유욕에서 벗어나게 될 때 절대적인 해탈의 지혜를 얻게 되며, 집착과 애착, 소유욕 등의 고통에서 벗어나는 지혜는 가장 고귀한 지혜이다. 이와 같은 진리에 기반을 둔 해탈의 경험 또는 집착과 애착에서 벗어나는 경험은 흔들림이 없는 것이기 때문에 절대적인 진리를 체험했다고도 할 수 있는 것이다.

이 정도 수준에서도 위와 같은 좋은 진리의 체험을 얻게 되고 참다운 수행의 맛을 알게 되는데, 만약에 열심히 수행하여 깊고 높은 수준에 이르러 모든 사물 일체의 자연적 성품을 아는 깨달음의 경지에 이른다면, 그 기쁨과 자유는 얼마나 위대하겠는가 쉽게 이해될 수 있을 것이다.

수행이 깊어지면 육체적 행동과 정신적 인식·관찰이 완전히 수레의 두 바퀴처럼 되며 자연스럽게 서로 돕는 듯이 동시 작용이 되는 것이다. 여기에서는 무엇을 놓치거나 애써 관찰 인식하려 하지 않아도 동시 작용에 의해서 이루어지기에 마음은 지극히 고요해지고 평화로우며, 육체적 가벼움과 기쁨이 가득하여 모든 근심 걱정과 불안이 사라지게 된다. 이를 "법회삼매(法會三昧)"라 하는데 여기에 많이 집착하여 더 이상 수행이 진전되지 못하는 경우가 많다. 사실은 이 법회삼매도 일어나고 사라지는 현상이므로 영원히 지속되지는 못한다. 짧게는 수분에서 길게는 며칠씩 계속된다.

이러할 때 계속 그 자체를 인식 관찰하면서 다시 아랫배의 일어나고 사라지는 현상에 마음을 집중시키면 이 법회삼매의 힘으로 더욱 깊은 삼매를 이루게 된다. 나아가 깊은 삼매에서는 자신의 아랫배의 일어남과 사라짐이 극히 미세하여 아주 뾰족한 송곳의 두 끝이 계속적으로 닿았다 떨어졌다 하듯 하며, 깊은 물속의 어떤 밀폐된 상자 속에 자신이 있는 듯하게 되어 고요함의 극치에 다다르게 된다.

여기에는 다만, 비물체와 물체의 일어나고 사라지는 지속적인 현상으로서 일어남이라는 원인에 의해서 사라짐의 결과가 오고, 사라짐의 원인이 되어 일어남의 결과가 연속될 뿐, 어떠한 주체

(主體) 혹은 아(我)가 존재해서 이 운동작용을 시킨다고는 결코 말할 수 없다. 다만 두 기능의 작용일 뿐이다. 이것을 일러 삼매를 통하여 무아(無我)를 증득(證得)했다고 하는 의미로 "안안따누 빠싸나(Anattanupassana)"라고 한다.

법회 삼매를 빠알리어로는 "삐띠(Ptti)"라 하고 이 삐띠는 다섯 등급으로 구분된다.

① 쿤디까(Khuddika) : 감각적으로 이 수행 자체에 대한 약간의 흥미가 일면서 기쁨을 느끼게 되는 것.

② 칸이까(Khan I Ka) : 수행의 진행에 따라 현상의 사실 발견에 대한 환희가 순간적으로 나타났다 사라진다. 이를 순간의 환희라고도 한다.

③ 옥깐띠까(Okkantika) : 수행이 깊이있게 진행됨에 따라 상당히 충격적인 환희며 육체적 반응을 이때 많이 일으켜 몸이 좌우 혹은 앞뒤로 흔들리게 된다.

④ 웁배까(Ubbeka) : 자신이 황홀할 정도. 스릴감을 느끼며 감정적으로 상당히 자제하기 어려울 정도가 된다.

⑤ 파란아(Pharana) : 수행인의 진전에 대한 흥미가 최고 수준에 이르고 황홀함 기쁨의 최고 경지로서 이 세상의 어떠한 기쁨도 이보다 더할 것이 없으리라. 스스로 자신을 갖게 된다.

⑪ 아(我)에 관한 것

범아일여(梵我一如)가 영원히 존재한다고 보면 자아(自我)의 상견(常見)에 걸림이 되고, 무아(無我)의 현상을 보았다고 하면 법안(法眼)이 열려 대자재인(大自在人)이 된다.

일반적으로 아(我)라고 하는 것은 산스크릿의 "아트만(Atman)"으로서 영혼·자아(自我)·자기(自己)라는 의미인데, 이것은 우리의 모든 것을 책임지고 우리의 미래를 연속시키며, 절대적 불변·영원·불생불멸의 본질이라고 한다. 큰 것은 범·브라흐만·창조주·법신(法身)·천상에의 영생(永生) 등이고, 여기에서 파생된 작은 것은 아(我)라는 것이다.

아(我)는 개개인의 심중에 존재해 있으며, 이 심중에 존재해 있는 것이 오랜 윤회 속에서 선업을 닦고 신에 기도하며, 제사하고 공물을 바치며, 그의 이름을 외워서 찬탄하고 그럼으로써 깨끗해져서 마침내 창조신이나 범(梵)에 이르게 된다. 이렇게 아(我)가 범(梵)에 이르는 것을 범아일여(梵我一如)라고 한다.

그러나 부처님께서는 무아(無我)를 가르치시고 위와 같은 아(我)에 사로잡힌 것을 유아(有我)의 상견(常見 : Sakkaya-Ditthi)이라고 하시었다. 부처님의 가르치심과 다른 종교와의 차이점은 영혼·자아(自我), 즉 아트만(Atman)을 인정치 않는 것으로서 종교의 사상사적 측면에서 사실상 독특한 것이다.

부처님의 가르치심에는 자아(自我)는 환상적인 것, 혹은 가공적(架空的)인 것으로 실재(實在)와 일치하지 않는 잘못된 신념 혹은 믿음이며, '나'라든지 '나의 것'이라는 것 때문에 탐·진·치가 일어나고 존재하며 갖가지 삿된 견해와 교만·속임수·이기주의적 깨끗지 못함 등의 업을 익히게 되는 근본적인 원인이며, 이로 인해 세상의 모든 불선업(不善業)이 존재하게 된다고 표현하셨다.

인간이 아(我)의 영원성을 강조하고 그것의 존재를 내세우는 것은 곧 자기 보존적 집착이며, 의지의 약함과 소유에 대한 허무를 메꾸기 위해서 갖는 보호적 욕구라고 할 수 있다. 여기에 '나'라고 하는 그 주체가 없다면 한 생명의 모든 꿈과 의욕이 상실되고 삶의 의미가 없다고 여기며 그 무엇에 의존함으로써 안전과 안녕을 기약하게 되고 그것을 위해서 노력하는 용기를 갖게 된다고 하나, 실제로는 그 실상이 없음에 대한 두려움과 나약함에서 발생된 환상적인 것이다. 이 환상적인 유아(有我)가 사실적인 진리 앞에서 그 존재를 나타내 보일 수 없는 것이 부처님의 수행법에 의한 "위빠싸나(Vipassana)"이며, 이 실질적 자연현상을 보게 되는 것이 "안앗따누빠싸나(Anattanupassana)"로서 무지(無知)와 두려움·욕망·환상을 깨드리고 자연적 현상을 통하여 실체를 보게 한 것이다. 이와 같이 의미가 깊은 수행법이기에 큰 뜻을 가졌거나 지적(知的) 수준이 높은 사람은 시도해 보게 될 것이며, 그 사실적 존재 여부를 분명히 밝혀보고자 할 것이다.

수행을 통해서 몰랐던 진리를 깨달을 때 큰 기쁨이 있고, 기쁨은 곧 법미(法味)를 체험한 것이 되며, 자신이 자연적 현상을 보았기에 다시는 의심없으며, 이제까지 두려움과 나약함, 절대자에의 의존적(依存的)인 강박관념에서 벗어나 자유인이 됨을 느끼게 된다. 여기에서 자신의 성품과 모든 사물의 현상을 바르게 보는 법안(法眼)이 열리게 되고 이를 정견(삼마딧히:Samma Ditthi)이라고 하며, 진리로부터 물러섬이 없게 되며, 아견(我見)과 망견(妄見)에서 벗어나게 된다. 그리하여 도(道)에 들어가게 되는 것이다.

안얀따누따사는 자신의 마음이 한 곳에 고요히 머물지 않고 계속 변화하고 움직이며, 어떠한 형체나 빛깔이 없음을 깊은 삼매를 통하여 분명히 보았을 때 비로소 자기(我)에 대한 견해에서 자유로워진다. 위빠싸나 수행은 지금 현재에 일어나고 사라지는 현상의 자연적 관찰로서 육체의 일어나고 사라지는 현상(Ruba: 루빠)을 마음이라 명칭한 나마(Nama)가 관찰했을 때 나마(마음) 자체는 계속 변화되고 일어나고 사라지는 현상일 뿐이다. 그리하여 계속 새롭게 제거되는 마음의 기능이 연속을 이어가고 있음을 자세히 관찰하게 되는 것이다.

육근과 오음도 결국은 몸과 마음의 두 기능으로 구분되며 계속 변화되고 있는 마음의 현상을 보지 못하면 마음은 영원하고 '나', '나의 것'으로 착각하게 된다. 이것을 "전도몽상"이라 하여 생사윤회를 끝없이 받게 한다.

⑫ 균형잡힌 노력과 바른 겨냥

균형잡힌 노력의 결실로 모든 번뇌를 벗어나 대광명(大光明)의 지혜로 자유를 얻는다.

위빠싸나(Vipassana) 수행에 있어서는 부단한 노력과 함께 그 수행의 목표가 뚜렷하여야 되는데, 이 두 가지가 균형잡혀 있으면 정진해 나아갈 방향을 바르게 잡고 수행에도 흥미가 일며, 자신이 지금 해야할 바가 무엇인지를 확고히 알게 되고 정진해 나갈 의욕도 생기는 것이다.

하나의 예로서, 어린애들이 구슬치기를 할 때 자신의 구슬로써 상대방 영역에 있는 구슬을 맞추려 한다면, 정확한 겨냥과 함께 거리에 맞게 던지는 힘의 노력이 갖추어져야 상대방의 구슬에 정확히 맞추게 되는 것이다. 만약에 힘의 노력은 있으되 목표의 정확한 겨냥이 없다면 던지는 구슬은 멀리 넘어가게 되고, 목표의 정확한 겨냥은 있으나 던지는 힘의 노력이 부족하다면 상대방 구슬의 위치에까지 이르지 못하는 결과가 된다.

그러나 목표를 정확하게 겨냥하고 던지는 힘이 적당하도록 노력하여 이 두 가지의 균형에 의해 상대방의 구슬을 정확히 맞추었을 때 그 기쁨과 성취감은 매우 큰 것이다.

위빠싸나 수행도 이와 같아서 육체적·정신적으로 일어나는 모든 현상을 정확하게 관찰하고 마음을 집중시키는 겨냥과 노력의 힘이 서로 균형을 잘 잡았을 때 수행에 진전이 있게 되고 계속 관찰 인식해가는 힘을 얻게 되는 것이다. 1분간을 한 번도 놓치지 않고 몸과 마음에서 일어나는 현상을 관찰했다면 18회의 지속적인 관찰이 되는 것이요, 5분간이라면 90회, 1시간이라면 1,080회라는 기록의 정신 집중력이 되는 것이며, 이 순간은 일체 번뇌가 없는 순수하고 맑고 깨끗한 마음의 상태로서 이 상태에 있는 사람을 수행자라고 부를 수 있는 것이다.

　모든 행동 즉 앉거나 섰거나 걷거나 팔이나 다리를 움직일 때 항상 예리한 관찰로써 정신집중이 되어야 하며 하나의 동작에서 다음 동작으로 이어지는 과정에 간단(間斷)이 없고, 지속적이어야 하며, 모든 동작을 분명하게 인식하고 있을 때 수행자라고 할 수 있다. 만약에 정신 집중이 되지 못한 마음으로 산만해 있고 지루해하며 게으름 속에 번뇌가 자리잡고 있는 시간이 1분, 5분 내지 1시간이라면 여기 소비된 시간만큼 그 수행인의 마음은 어둡고 어리석으며 더러움이 가득 차 추한 사람의 위치에서 벗어나지 못하게 된다. 그렇게 되면 결코 진정한 수행자라고 할 수 없는 것이다.

　그러므로 진정한 수행자가 되고 선업(善業 : 꾸살라캄마, Kusala kamma)을 성취하기 위해서는 부지런히 열성적으로 자신의 목표를 위해서 노력해야 되며 그럼으로 해서 맑은 마음, 지혜로운 마음의 소유자가 되는 것이다.

　결과적으로 수행을 통해서 얻어지는 이익(利益)은 모든 번뇌에서 벗어난 마음이며, 노력과 지혜를 계발하여 자신의 성품을 깨닫게 되는 것으로, 이를 바와나(Bhavana)라고 한다. 수행인이 수행이 되지 못하여 마음이 맑지 못하고 예리하지 못하며, 슬기롭지 못하다면 그 마음의 상태는 어리석고 미숙하고 소극적이어서 마음씀과 생각과 그 행동거지가 모두 바르지 못할 것이다.

그러나 부지런히 노력하여 자신의 몸과 마음에서 일어나는 모든 현상에 대해서 계속적인 관찰과 마음집중이 되어 있는 수행으로 단련되어 있다면, 그 수행자는 지혜롭고 섬세하고 예리하며, 모두 사물에 대한 판단이 바를 뿐만 아니라 생명에 대해서 너그러우며 자비에 넘치는 선한 마음으로 성숙되어질 것이니 이것은 모두 수행을 통해서 얻어지는 이익이라고 할 수 있다. 수행인이라면 위와 같은 마음 상태를 소유해야만 마음을 닦는 자, 번뇌로부터의 해탈자라고 할 수 있다.

⑬ 크게 뉘우침

어떤 비구가 작은 허물을 범하고 크게 뉘우쳐 두렵게 생각하고 이후부터는 작은 계율이라도 파하지 않으며 잘 지키려 노력한다면, 이는 오히려 정신적으로 매우 건강한 비구이다. 부주의였건 고의였건 자신이 파한 작은 계율을 통하여 커다란 경각심을 일으키고, 참회심을 내어서 큰 허물 일어날 것을 미리 예방하게 되는 것이므로 이 비구는 다시 청정한 계율 지킴을 회복할 수 있는 것이다.

불교의 계와 율은 불교의 생명선이므로 모든 비구 비구니는 계와 율의 가벼움과 무거움, 크고 작음에 관계없이 엄격히 잘 지키도록 노력하며 스스로 청정하여 자신과 모든 사람들로부터 신뢰받을 수 있어야 하며, 모든 이들의 신심을 더욱 튼튼하게 해야 할 것이다.

예를 든다면, 부강한 나라들의 시민들은 국가에서 제정한 법과 질서를 잘 지켜 자신들의 의무를 다하기 때문에 국가와 사회가 튼튼하여 복지국가요, 부유한 나라가 되며, 질서 있고 깨끗하며 아름다운 사회를 유지하고 서로 존경하고 신뢰하며 화합으로 이끌어 나가기 때문에 계속 발전하고 성장하게 되어 그 사회에 사는 사람들은 시민정신과 투철한 준법정신을 지닌 훌륭한 시민이 되는 것이다.

비구나 비구니들도 마찬가지로 부처님께서 수행자들을 위하여 제정하신 계와 율을 잘 지키고 수행을 열심히 하여 청정하고 덕이 높으며 지혜로운 훌륭한 비구·비구니가 되면 모든 중생의 의지처가 되고 복밭이 되며, 부처님의 제자로서 존경받게 되므로 교단이 존경받게 되고 영광이 쌓이게 되며, 성장 발전하게 되어 더 많은 중생들에게 교화의 덕과 이익 됨을 베풀어 나가게 될 것이다.

비구나 비구니들이 부처님께서 제정하신 계와 율을 잘 지키어 그 질서 속에서 화합하고 서로 간에 존경하며, 창조적이고 생산적인 활동을 하며 수행을 통하여 지혜와 덕을 쌓아 모든 중생의 등불이 된다면, 교단도 발전하고 비구·비구니 자신들에게도 이로움이 많게 되는 것이다. 이는 곧 자신의 명예와 영광이요, 전체 교단의 명예와 영광인 것이다.

그러나 수행자들이 자연의 몸과 마음을 깨끗하게 해주는 계행 지킴에 소홀하여 함부로 행동하고 뉘우침이 없다면, 그는 참으로

부끄러움을 모르는 자로서 짐승이나 다름없는 것이다. 계행을 지키는 것만으로는 절대 생사윤회의 굴레를 벗어날 수 없으며, 계행을 지키고 부끄러운 줄 알며 뉘우치는 마음을 가질 때 자신의 수행 생활을 항상 발전시켜 가려고 노력하게 되고, 이 노력이 곧 마음을 집중시키는 수행으로 연결되어 마침내 깨달음에 이르게 되는 것이다.

수행자들은 언제나 자신의 행동을 반성하고 작은 허물이라도 가능한 범위 내에서는 짓지 않도록 하며, 만약에 이러한 불가피한 상황에서 지어진 허물이 있다면 언제나 크게 뉘우치고 부끄러워하며, 다시는 그와 같은 경우를 만들지 않도록 매사에 조심하여야 한다.

이러한 사람이 마음을 집중시키는 사람이며, 유심(有心)히 살아가는 수행자라고 하며, 뉘우쳐 스스로를 경책하는 사람이라 한다.

⑭ 지계(持戒)의 중요성

계행(戒行)을 잘 지키는 이는 향기로운 꽃다발을 항상 지니고 다니는 거룩하고 아름답고 부유하고 아주 행복한 사람이 되는 것이다.

불교 수행의 세 가지 요소 가운데 계(戒:Sīla)를 이렇게 강조하는 이유는 이것이 수행에 있어서 가장 근본이 되고, 다른 여러 가지 수행법에 선행되어져야 할 요소이기 때문에 비구들로 하여금 관심과 경각심을 갖고 지켜나가도록 하기 위해서이다. 계는 집을 지을 때 단단하게 자리 잡은 기둥의 주춧돌과 같으며 큰 건물의 기초와 같은 것이다.

건물의 오랜 수명과 안전에 무엇보다도 단단한 반석이 우선이듯이 출가한 비구들도 계행이라는 기초가 튼튼히 되었을 때 어떠한 물질적 유혹과 기타의 불선업(不善業:Akusala)에 동요되지 않게 되어 참으로 청정한 중생의 복전이 되어질 것이다.

이 계(戒)는 특히 이 시대(時代), 이 사회에도 그대로 적용될 수 있으며, 위빠싸나(Vipassana)를 수행하려는 사람들이나 수행 중에 있는 사람들에게는 더욱 중요하다.

왜냐하면 개개인의 절제 없이 타락된 사생활이나 공직생활(公職生活)은 사회를 썩어가게 하며, 불선업(不善業)으로 이끌어가게 되는 반면, 수행인들이 보고 듣는 것에 대해서 바르게 선택하게 하고 스스로 행동에 대해서 삼가게 하며, 책임을 지게 할뿐만 아니라, 적합하고 적합지 못함에 대한 분별력과 바른 행동으로 이끌어주는 지침이 곧 계(戒)이기 때문이다.

비구가 계를 지켜 자신의 생활을 맑고 밝고 명랑하고 깨끗하게 유지하며 모든 불선업(不善業)을 여의고 계를 지키는 마음을 항상 경건히 해나간다면 대중 앞에 매우 자신있게 서게 되고, 당당하나 교만하지 않으며, 떳떳이 품위와 인격을 지닌 채 대중 앞에 자신을 나타내 보일 수 있는 것이다. 그러나 이 계(戒)가 잘 지켜지지 못했다면 그 비구는 대중 앞에 서기가 주저스럽고 용감치 못하며 위축된 상태가 되며, 무엇보다도 자기 스스로에게 떳떳치 못할 것이다.

계(戒 : Sīla)의 다른 의미로는 만다나와 같은 것이다. "만다나(Mandana)"는 인도(印度)의 빠알리(Pāli) 고대어(古代語)로서 몸을 아름답게 꾸민다는 뜻이다. 이 만다나의 장식에 사용되는 색상자료(色相資料)는 자연의 꽃에서나 기타 나무뿌리나 광석 등에서 채취하여 자연적 원색(原色)을 잘 살려 얼굴의 눈이나 입술·볼 위 등에 표시하기도 하고, 그림을 그려 얼굴을 더욱 아름답게 꾸미고 가꾸어 많은 사람들의 눈길을 끌게 하고 호감을 갖게 하는 것이다.

비구가 계를 잘 지키는 것은 이와 같은 의미가 있다. 비구가 스스로를 조심하여 모든 일을 보고 듣고 행함에 마음을 집중시켜 유심(有心)이 되게 하고, 옳고 그름을 판단하여 슬기롭게 행동에 옮기면, 어진 이를 기쁘게 하고 신심 있는 사람들은 더욱 분발하여 깨달음에 이르도록 하며, 신심이 아직 일어나지 않은 사람들이라도 환희심이 나도록 하는 것이다.

만약에 작은 잘못이라도 범하였으면 즉시 그 잘못된 점을 발견하여 고치고 뉘우쳐 다듬어나감에 조금도 게을리 하지 않으며, 번뇌에 사로잡히지 않도록 힘써 노력하여 몸과 입과 마음을 잘 다스려 가는 이를 계행이 청정한 수행자라고 한다. 만약에 비구가 계를 지킴이 청정하지 못하고 건실하지 못하다면 스스로 즉시 깨닫고 모든 행동을 삼가고 자제하여 더욱 엄격히 계행을 잘 지키도록 노력함으로써, 청정치 못했고 건실치 못했던 계행은 더욱 청정해지고 밝아지게 되는 것이다.

　세상 사람들이 사교 활동을 위해서 자신의 마음을 편안하게 하며 의복을 잘 입고 금은보화로 치장하며 몸을 아름답게 꾸미고서 대중 앞에 나타나 자신의 세련되고 격조 높은 언어와 행동으로 대중을 감복시키고 매혹되게 만들며 대중의 호감과 칭찬을 얻듯이, 부처님의 위없는 가르침을 배워서 지혜로우며 계로써 행동을 다스려 최상의 덕을 갖춘 비구들도 자신의 몸과 마음을 아름답고 깨끗하고 빛나게 하여 일반인에게서는 호감을 사고 존경을 받도록 하며, 자신들의 승단 내에서나 일반 사회의 등불이 되며 도덕률의 선도자가 됨으로써 대중 앞에 긍지를 보이고 신뢰를 얻을 수 있다.

　그것은 오직 계(戒 : Sīla)라고 하는 눈에 보이지 않는 아름답고 향기로운 장신구로써 비구의 몸을 잘 꾸민 후에 얻어지는 결과이다. 계(戒 : Sīla)는 나이에 관계없이 지켜야 한다. 부처님께서는 "계를 지키는 것은 사람들이 아름답고 향기로운 꽃다발을 몸에 두르는 것과 같다"고 말씀하셨다.

　어느 때 비구가 부처님께 "계를 지키는 나이는 몇 살에서 몇 살까지가 가장 좋습니까?"라고 여쭈니, 부처님께서는 "계라고 하는 아름답고 향기로운 꽃다발을 몸에 두르는 것은 나이가 든 사람일수록 더욱 근엄하고 장엄하며 거룩해 보이고 지혜스러워 보인다"고 말씀하셨다.

나이가 젊어서 계를 지키는 것은, 본인에게 높은 도덕과 윤리적인 체험을 일찍 갖게 해주며 깨끗하고 너그러운 마음과 베푸는 마음, 일체 생명을 사랑하고 존중할 줄 아는 마음을 지니게 하기 때문에 주위로부터 사랑을 받으며, 비록 나이가 어려도 계를 지킴으로써 모든 행동에 생각하는 것이 깊고 옳지 않은 일을 행하지 않으며, 언어는 부드럽고 조용하며 몸가짐은 단정하고 다른 이를 생각하는 마음이 자비로우니 현명하고 어진 이로부터 사랑과 신뢰를 얻게 되는 것이다.

중년(中年)이 되어서 계를 지키는 것은, 평화로운 인생(人生)을 즐기며 지난 세월의 모든 삶을 인생의 경험으로 삼아 세상일에 대해서 더욱 슬기롭게 생각하게 되고 보다 더 성숙된 마음가짐을 갖게 됨으로써 아랫사람의 존경을 받게 되고, 어진 이들의 칭찬을 받게 되는 것이다.

그러므로 계의 꽃다발을 몸에 치장하는 것은 나이에 구애 없이 모두를 거룩하고 생각이 깊게 하며, 스스로를 억제 내지 자제하여 근엄하고 정중한 태도를 갖게 하며, 언어는 순화되어지고 들어서 유익하며 화합을 가져오게 하며, 마음은 부드럽고 사랑과 친절에 넘쳐 있으며, 슬기로움이 가득하여 모든 불선업(不善業)으로부터 멀어지게 한다. 어리석음에서 벗어나 해탈의 자유로운 사람이 되게 하는 것이 계의 공덕이요, 기능이라 할 수 있다.

세상 사람들은 나이에 따라 의복의 모양과 색깔, 형식 즉 디자인을 다르게 하며, 신분과 위치를 구분하고 적합함과 적합지 못함을 나타내기 때문에 만약에 나이든 사람이 나이 어린 이의 옷을 입었다면 적합지 못해서 다른 사람들의 비웃음을 살수도 있으며, 나이 어린 사람이 나이 든 사람의 옷을 입어도 그에 맞지 않아서 칭찬과 부러움을 사지 못하고 오히려 경멸당하는 경우가 있으나, 계라고 하는 꽃다발을 몸에 두르는 것은 나이나 신분에 구애 없이 모두에게 좋은 것이며, 더욱 빛나게 해주는 것이다.

그래서 부처님께서는 "사람들이 나이에 구애 없이 어린이거나 노인이거나 혹은 출가인이거나 재가인(在家人)이거나 자신의 위치에 따라 계를 잘 지키는 것은 큰 보배를 몸에 지닌 듯 언제나 마음에 부유함이 있고 너그러움이 있으며, 생각이 깊으므로 정중하고 무게 있는 행동을 하게 되어 많은 사람들의 칭찬과 존경을 받게 되고, 어디를 가더라도 두려움과 무서움이 없는 자유인이요 대우를 받게 되는 것이다"고 말씀하시며, 모두에게 계를 잘 지켜 각기 평화롭고 안락한 생활을 하며, 진정한 행복을 지니도록 하신 것이다.

비구가 자신의 육체적 행동과 언어에 대해서 마음집중이 되어 있지 않으며, 계행이 청정치 못하여 지혜가 없고, 덕행이 없어 가사를 입고 머리를 깎았다면 이는 마치 어떤 여인이 화장을 잘 하고 최신 유행의 비싼 옷을 입었으나 그 여인의 마음가짐과 언어 동작이 천박하고 경박스러워 실질적인 내적 지성(內的知性)과 슬기로움, 그리고 아름다움이 갖추어져 있지 않아서 그 외형적인 아름다움이 허영과 허세에 불과한 것과 같으니, 뜻이 높고 도덕이 높은 사람들로부터 경멸을 당할 것이다.

여인이 그 외형의 용모에 맞게 언어 동작이 순화되어 부드러우며 뜻이 담겨 있고 행동은 정중하고 지성미가 있으며 아름답고 사랑과 자비에 넘쳐 있다면 그 여인은 안과 밖으로 지성과 도덕을 갖춘 아름다운 사람이라 할 수 있을 것이다.

이와 같이 비구나 비구니들이 스스로 계행을 잘 지켜 청정하고 언어와 행동이 바름은 물론 사마디(禪定)를 잘 닦아서 마음을 단련하고 일체 행동에 마음이 집중되어 마음과 행동이 일치하며 조화를 이루고 있으며, 몸과 마음의 인연관계와 자연적 성품을 알아서 그에 맞게 생활해 간다면 사회에서나 교단에서나 떳떳하고 자신과 용기가 있으며, 겸손하고 사려(思慮)가 깊으니 모두의 존경과 칭찬을 받으며 모두를 이익되게 할 것이다.

⑮ 고통의 관찰

수행인이 좌선 정진 중 다리 등이 아프고 저려오며 괴로울 때 역시 그 아프고 저려오는 당처에 마음을 급속히 효과적으로 적응하여 집중 관찰함으로써 모든 아픔과 괴로움에 대한 자연적인 현상을 알게 되는 것이다.

또 그 일어나고 사라지는 통증의 원인과 결과를 관찰함으로써 고통을 제거하고 근원적인 것을 알게 해주며, 동시에 이를 극복하게 해주는 인내와 용기를 갖게 해주고, 정확하고 세밀한 관찰과 마음의 집중을 통하여 어떠한 고통이나 현상도 오래 지속됨이 없이 계속 일어나고 사라지는 현상임을 깨닫게 해주는 것이 "삿띠빳하나"이다.

정진수행 중에 통증과 괴로움이 일어났을 때, 그 통증에 괴로움을 당하는 것보다는 강한 결심과 급속한 동작으로 마음을 통증이 일고 있는 당처에 모아서 관찰, 완전히 집중케 함으로써 통증에 대한 일어남의 원인을 알게 하고 통증의 자연적 성품을 알게 하며, 어떻게 해서 사라지는가의 결과를 자세히 한 순간의 놓침도 없이 관찰을 해나가는 것이다.

이것이 진정한 마음집중인 "빳하나" 수행이며, 이것을 행하여 통증으로부터 해방될 수 있다. 수행인이 경계심이나 조심성도 없고, 효과적인 관찰력도 없이 표면(表面) 수준에 머물게 되면 통증의 자연현상과 일어나고 사라지는 과정의 원인과 결과 등 내용을 체험하지 못하게 된다.

삿띠빳하나는 육근을 통해서나 염처(念處)를 통해서나 육체적 운동을 통해서 일어나는 모든 현상을 마음을 집중시키고 관찰하여 그 자연적 현상을 깨닫게 해주는 수행방법이다. 고통이 일어났을 때 이를 관찰하여 그 자연적 현상을 알지도 못하고 참고 견디는 힘도 없이 자주 자리를 바꾼다던가, 다리의 위치를 바꾸게 되면 고통은 풀릴지 모르나 수행을 통한 자연적 성품을 모르게 되고 고통에 굴복하는 결과가 되므로 그래서는 안되는 것이다.

부처님 말씀에 "마음의 진정한 평화인 닙바나는 오직 참고 견디는 힘에 의해서 성취된다."고 하셨다. 고통이 일어나는 것도 하나의 현상에 불과하기 때문에 관찰을 통하여 인식의 채널을 바꾸면 고통을 느끼던 마음은 관찰의 마음이 되어 고통을 느끼지 않게 된다. 왜냐하면 몸 전체가 고통을 아는 것이 아니라 인식기능에 의해서 고통의 관찰로 전환이 되었을 때 고통은 더 이상 느낄 인식이 없기 때문이다.

모든 인식 기능도 우선순위에 의해서 한 상황에 한 기능일 뿐이기 때문이다.

⑯ 감로수(甘露水)와 고배수(苦盃水)

옛말에 "달면 삼기고 쓰면 뱉는다."는 말이 있다. 우리가 일상생활에서 늘 겪는 일이지만 좋은 일이 생기고 마음에 흐뭇한 느낌이 들면 입에서 단침이 슬슬 넘어가지만 이와 반대로 무슨 고민될 생각이나 걱정되는 일이 생기면 자기도 모르게 벌써 입이 말라지고 침이 잘 안 넘어간다. 이러할 때는 온 입안이 쓰디쓴 고통의 쓴 맛을 맛보게 된다. 그렇다. 우리는 바로 이러한 고민거리를 미리 알고 예방하는 것이 우리 불교인들의 바른 자세이며 공덕의 보은이다.

우리가 부처님의 가르침대로 참선 수행을 하는 것도 이러한 쓰라린 고통을 예방하고 벗어나서 해탈의 세계를 알고자 하는 것이 참선하는 요체인 것입니다. 위빠싸나 선수행(禪修行)에 있어서 바른 자세로 정(定)에 들게 되면 턱 안에 붙은 침샘과 머리 정수리의 백회(숨골)가 일직선이 되면 온 입안에서 그야말로 단침이 사정없이 흘러나와 잘 넘어가게 된다. 이러할 때에는 기분도 좋고 몸도 가볍고 상쾌한 것이 날아갈 정도이다. 이러한 것이 자주 있으면 수행의 길도 빨라지고 건강도 좋아지는 것이 수행 공덕의 과보인 것이다.

⑰ 원한에 의하여

큰 짐승의 힘에 의해서 작은 짐승이 생명을 빼앗겼을 때, 생명을 잃어가는 작은 짐승은 큰 혼돈과 공포 속에서 원한을 품고 죽은 다음 인과응보의 윤회법에 익혀온 습관에 의해서 더욱 큰 짐승으로 다시 태어나 자기를 죽였던 큰 짐승에 복수하게 되고, 이 복수에 죽어간 큰 짐승이 다시 태어날 때는 작은 짐승이 되어서 다른 짐승에게 잡아먹히게 되는 이 악순환은 쉼이 없고 끝이 없이 계속되는 것이다.

법구경의 구절에 "원한은 원한으로써 원한을 갚지 못한다. 원한은 오직 사랑으로써만이 갚아지는 것이다."고 했으니 참으로 진리의 말씀이 아닐 수 없다. 복수심에 불타는 어리석음이 불선업의 원한이 되고 또다시 그 불선업 때문에 나쁜 동기를 갖게 되니 나쁜 결과를 얻게 되는 것이다. 선업과 불선업의 과(果)는 경우와 정도에 따라 금생이나 혹은 다음 생애 혹은 여러 생 뒤에 나타나게 되어 있다.

그러나 이 긴 여러 생 동안에 선업이 매우 강하면 과거에 지었던 불선업의 과는 나타나되 효과가 없게 되는 경우가 있다. (촛불과 전기불의 비유)

부처님의 가르침을 잘 배워 수행하는 사람들, 특히 특정한 계행을 지녀야 하는 사람들이 남을 생각하는 바가 없이 함부로 자신의 이익만을 위하고 편안함을 위해서 행동하는 것은 옳지 못하며, 이는 잘 배운 사람 수행하는 사람이라 할 수 없으며, 어진 이의 비난을 받는 결과를 가져오게 되는 것이다. 계를 배우고 수행하는 사람들은 자신의 행동에 신중을 기하고, 남을 칭찬하는데 인색하지 않고, 남을 비방·비난하거나 원망하지 않으며, 스스로의 행동을 항상 점검하고 관찰하는 습관 속에 살아가야 할 것이다.

⑱ 수행인의 자기 점검

위빠싸나를 수행하는 사람은 자신의 수행 진행과정을 스스로 점검 확인할 수 있다. 일어나고 사라지는 마음의 현상, 육체적·감각적 현상관찰의 수행을 확실하고 꾸준하게 지어가는 사람은 확실히 자신의 심리적 변화와 사고적 진행과정을 보게 되며, 동시에 육체적 행동은 조용해지고 보다 더 침착하며, 몸의 움직임은 마음의 명령에 의해서 일어나며, 한 동작은 하나의 마음에 의한 동작임을 깨닫게 되는 것이다.

수행인이 수행을 지어가면서도 자신의 수행 자체가 어떻게 진행되어 가는지 그 진척 정도를 알 수 없어 그저 막연히 깨침이 오기만을 기다린다는 것은 불합리하며 비논리적인 것이다.

이제 새로 배우는 자가 먼저 수행해 온 경험자에게 수행과정과 진행상황에 대하여 질문을 받았을 때 먼저 수행한 자는 자기 자신의 수행에 대한 체험이 없기 때문에 일종의 도전을 당하는 듯 방위태세로서 강압적이거나 혹은 위압적인 언어와 태도를 보인다던가, 아니면 극히 애매모호한 회피적 언어를 사용하는 태도를 보이는 것은 수행의 가르침을 통하여 중생의 괴로움을 덜어주는 길이 아니라고 생각된다.

만약에 위와 같음이 부처님의 가르치심이었다면 중생들이 얼마나 방황하고 혼돈에 빠지겠는가?

그러나 다행히도 부처님의 가르치심에 의한 수행법은 매우 명확하고 수행자는 자신의 수행체험을 분명히 묘사하고 설명할 수 있어 새로 배우는 사람들에게 친절한 지침을 내릴 수 있고 인도해주며 격려해 줄 수 있다.

다만 앞서간다는 것과 뒤를 따라온다는 차이가 있을 뿐 완전히 서로간 수행의 길이 다름으로 인한 부정적이거나 반대적 입장이 될 수 없는 것이다.

특히 위빠싸나 수행은 다음과 같은 열여덟 가지의 자기 점검에 대한 지침이 있어 자신을 정확히 점검·판단한다.

① 수행자가 자신의 마음에서 일어나고 사라지는 현상 관찰을 통하여 자신의 마음이 잠시도 고정되고 안정되어 있지 않음을 깨닫고, 그 현상의 참다운 모습을 자신의 육안으로 분명히 보았을 때, "아닛짜누빠사나(Aniccanu Passana)", 즉 제행무상의 사실을 개발하게 됨으로써 "닛짜산냐(Niccasañ ñā)" 영원성의 관념에서 벗어나며 영원성의 관념적 존재를 거부하게 되는 지혜.

② 자신의 몸과 마음이 변화되고 있는 현상관찰을 밀밀하게 지어 가는 과정에서 육체적·정신적·감각적으로 갖가지의 고통이 너무도 분명히 존재하고 있음을 자신의 깊은 내적 현상관찰을 통하여 보게 되며, 그 모든 고통이 잠시도 쉼없음을 깨달았을 때 "둑카누빠사나(Dukkanu Passana)", 모든 고통의 존재를 보았음의 진리를 개발해 갈 때 환상적인 행복함과 즐거움이라는 집착에서 벗어났음을 스스로 알게 되며, 자유로움 즉 집착과 모든 둑카로부터 벗어났음을 깨닫는 것.

③ 자아(自我)라는 것은 존재하지 않는다는 진리(Anattānu Passana)를, 일어나고 사라지는 자신의 마음의 변화하는 현상관찰을 통하여 개발하고 깨달았을 때 아(我)의 고정관념에서 벗어나며, 그 존재를 거부하게 된다. (즉 Atta Saññā 맏따산냐 '나'라는 것이 존재한다는 관념)

④ 마음의 끊임없이 변화되고 일어나고 사라지는 진행과정의 연속임을 자신의 눈으로 직접 보았을 때 자신의 마음에 대하여 싫음 내지 혐오감을 갖게 한다. (Nibbidanu Passana 닙비다누빠사냐) 이와 같은 마음의 현상을 점검했을 때 즐거운 혹은 좋아함(Nandi Saññā 난디산냐)에서 벗어나고 그것을 거부하며 집착하여 추구하지 않게 됨을 수행자 자신이 알게 된다.

⑤ 수행을 통하여 욕망이 일어나지 않음(Virāgānu Passana 위라기누빠사나)을 개발하여 나갈 때 욕망·갈망(Rāgā Saññā)을 거부하고 존재함을 용납하지 않게 된다. 모든 현상의 일어나고 사라지는 자연의 원칙에 따라 강한 욕망·갈망도 오

래감이 없이 곧 사라지게 되어 있는 것이며, 나의 욕망이
아니라 육문을 통하여 나타나는 하나의 현상에 불과하기
때문이다.

⑥ 적멸의 현상(Nirodhānu Passana)을 개발하였을 때 모든
현상은 하나에서 시작되었다는 견해(사무다야 Samudaya)에
서 벗어나게 되며, 하나에서 시작되었다 라든가 근원의 논
리를 주장하지 않게 되는 것이며 거부하게 되는 것이다.

⑦ 모든 얽매임으로부터 놓아버림(Paṭinissāgganu Passana 빠
띠니싹가누빠사나)을 개발함으로써 집착·얽매임(Ādāna)의 관
념에서 벗어나며 그와 같은 현상을 거부하게 된다.

⑧ 모든 현상은 소멸(Khayānu Passana 카아누빠싸나)한다는
것을 식별할 수 있는 지혜를 개발시켜 갈 때 수행인은 밀
밀히 접착되고 존재(Ghana Saññā 가냐싼냐)하는 관념에서
벗어나고 그러한 고정된 관념을 거부하게 된다.

⑨ 모든 생명들은 태어나서부터 계속 늙어가고(Vayānupa-ssa
na)있음을 식별할 수 있을 때 수행인은 늙지 않으려는 관념
(Āyuhana 아유하나)에서 벗어나며 영생이라는 관념을 거
부하게 된다.

⑩ 모든 현상은 항상 변화되고(Viparināu Passana 위빠리나
마누빠싸나) 있음을 분명히 식별할 수 있음을 개발하였을
때 수행인은 고정(Dhuva‐Saññā 듀와싼냐)에서 벗어나며
고정관념을 거부하게 된다.

⑪ 마음의 모든 현상에는 어떠한 흔적이나 싸인이(Animi-ttā
nupassana 아니밑따누빠싸나) 존재하지 않음을 식별하는
지혜를 개발하였을 때, 수행인은 마음이 흔적 혹은 싸인이

있음(Nimitta 니밋따)에 대한 고정관념에서 벗어나고 그것의 존재를 거부하게 된다.

⑫ 마음의 묶임이 없음(Appanihitānu Passanā)을 식별하여 개발하였을 때 수행인은 마음의 묶임(Panidi 빠디디)에서 벗어나며 그 묶임을 거부하게 된다.

⑬ 모든 현상은 비어있음(Suññatanu Passanā 순냐따누빠사나)을 식별하여 개발하였을 때 수행인은 자아믿음(Abhinivesa 아비니왜사)을 거부하고 자아의 존재 믿음을 부정하게 된다.

⑭ 수행을 통한 내적 현상 관찰상태에서 수준 높은 지혜(Adhipañña Dhammavi Passana 아디빤냐 담마위빠사나)를 개발함으로써 자신의 내부에 존재해 있다고 믿는 핵심영혼(Sārādānābhinivesa 사라다나비니왜사)에 대하여 부정하고 거부하게 된다.

⑮ 모든 존재와 현상의 자연적이고 진실한 모습(Yathābhu-ta ñānaadassana 야타부따야냐다싸나)을 식별할 수 있는 지혜를 개발하였을 때 어떠한 특정 현상에 몰입·심취(Sammo habhinivesa 삼모하비니왜사) 집착하는 것을 거부한다.

⑯ 수행인이 재난·고난(Ādomavānu Passana 아디나와누빠사나)이 현존해 있음을 분명히 식별할 수 있을 때 집착으로 인도되는 믿음(Ālayābhinivesa 알라야비니왜사)을 거부하고 부정하게 된다.

⑰ 수행인이 자신의 지어 가는 수행을 반성·숙고·사려가 깊지 않는 것(Paṭisaṇkhā 압빼이상카)을 거부한다.

⑱ 수행인은 태어나고 죽음에 이르는 수레바퀴의 회전(Vivaṭ

ṭānu Passana 위왈따누바사나)으로부터 벗어나는 길이 있음을 식별할 수 있을 때 그는 번뇌로 인하여 태어나고 죽음에 이르는 수레바퀴의 회전으로 향하는 경향(Saṃyogha bhivivesa)을 거부하게 된다.

위와 같은 열여덟 가지 내적현상 관찰을 개발하면서 자기 수행의 체크 포인트로 삼아나갈 때 잘못된 길을 가지 못하고 잘못된 판단아래 스스로를 함정에 밀어 넣거나 착각하여 중도에 멈추어 완전한 깨달음을 지연시키는 어리석음을 범해서는 아니될 것이다.

수행인은 자신의 수행에 대해서만은 순수하고 솔직해야만 자기에게 이익됨이 있고 비로소 남을 돕게 될 수 있는 것이다. 자기 자신이 수행의 방향을 잡지 못했으며, 확신이 없는데 어떻게 남을 지도한다고 섣불리 나서면 새로 배우려는 수행자를 희생의 제물로 삼으려 할 것인가.

부처님의 진정한 자비는 모든 인간들로 하여금 자기 자신의 실상을 바로 깨닫고 힘써 노력하여 태어남과 죽음의 수레바퀴에서 속히 벗어나게 하는데 근본 뜻이 있는 것이다.

그러므로 누구든지 속히 위빠싸나 수행을 열심히 하며 스스로 무엇이 태어남이며 무엇이 죽음인가를 깨닫고 다시는 그와 같은 엄청난 불행의 수레바퀴 톱니에 물림이 없도록 최선의 노력을 다하여야 할 것이다.

위빠싸나 수행은 관념적 사고의 유추가 아니라 실상의 원인과 결과의 분석이며, 그 원인의 뿌리를 완전히 뽑아버리는 참된 각자의, 즉 깨달음의 길인 것이다. 여기에서 다시 한번 방황하여 윤회의 수레바퀴에 맞물려 버리면 그 때는 언제 다시 여기서 풀려나게 되려는가 기약할 수가 없는 엄청난 세월 속을 표류하게 될 것이므로 뜻을 세운 수행자들은 참으로 경각심을 가지고 금생에 이 엄청난 문제를 해결하도록 자신을 가다듬기 바란다.

티베트성자
밀라래빠 이야기

1. 보석골짜기에서

밀라래빠가 히말라야 보석골짜기에 있는 독수리성에서 마하무드라의 수행 중 있었던 일들을 시로 읊은 것이다.

땔감을 구하기 위해 동굴에서 나와 나뭇가지를 주워 모으다가 폭풍우를 만난다. 온몸으로 저항하다가 마침내 모든 것을 포기하고 자연에 맡긴다. 순간 바람은 자고 동쪽 하늘에 흰구름이 솟아오르는 곳에 스승 마르빠와 마나님이 나타나 노래하였다.

아버지 마르빠시여
흰구름 피어오르는 보석 골짜기에
좌정하고 계신 역경사 마르빠시여.
공경심 부족해도 뵙고 싶습니다.
선심 부족해도 함께 머물고 싶습니다.
여행길 멀어도 뵙고 싶습니다.
가는길 험해도 곁에 있고 싶습니다.
친어머니보다 고마우신 분
소박한 마음으로 배우고 싶습니다.
미련한 생각에도 외우고 싶습니다."

노래가 끝나자 스승 마르빠가 동쪽 구름 속에 나타나 말했다.

아들아 왜 그리 간절한 마음으로 나를 찾느냐.
인생이 괴로우냐.
신심이 변했느냐.
생각이 어지럽느냐.
팔풍(八風)이 닦쳤느냐.

3보에 예배드리며
6도 중생에게 공덕을 베풀라.
진리를 위하여
중생의 행복을 위하여
명상하는 자에겐
스승은 언제나 같이 하리라."

스승의 음성을 듣고 심장속에 생명의 에너지를 가득채운 밀라래빠가 나무를 해가지고 동굴속에 돌아오니 동굴 속에서는 다섯 명의 악마들이 눈알을 부라리며 설법하고 있었다.
밀라래빠는 아무것도 얻어먹지 못한 지방 신(地神)들이 싫어해서 나타난 것이라 생각하고 그들에게 노래를 지어 바쳤다.

고독한 은둔처는
모든 부처님들이 기뻐하시는 곳.
흰구름 떠다니고
새짐승 노래하고

짱 강물 흐르는 곳
꿀벌들 꽃 사이 넘나드니
꽃향기 휘날리는 곳이지만
나 밀라래빠가 명상하는 곳.
밀라래빠의 친구들이여,
그대들은 나의 사랑과 자비의 물을 마시고
그들 세계로 돌아가거라.

　그는 어려서부터 고생 속에 자라온 자신의 역사를 말하면서
스승의 은총을 생각하자 악마들은 두려워 떨면서 마침내는 밀라
래빠의 친구가 되었다.

2. 까르마의 진리

밀라래빠가 스승 마르빠의 예언을 따라 라치설산으로 가는 도중 냐낭짜마르마을에 당도하였다. 온갖 보석으로 화려하게 단장한 소녀 레쎄붐이 밀라래빠를 보고 물었다.

"당신은 어디서 온 누구십니까?"

"산속에서 수행하고 있는 밀라래빠입니다."

이 말을 들은 레쎄붐은 깜짝 놀라며 곧 마을 사람들에게 나아가 외쳤다.

"우리들이 늘 칭송하던 밀라래빠가 왔으니 만나 보십시오."

그때 젊고 부유한 안주인 센도르모가 말했다.

"선생님은 어디로 가시는 길입니까?"

"명상수행을 위해서 설산으로 가는 길입니다."

"그렇다면 무엇이든 필요한 것은 저희들이 제공하겠으니 대낮에도 유령이 나타나는 제룽쪽모에 머물러 계시면서 저희들을 축복해 주시면 어떨까요."

"저희 스승의 뜻을 따라 가겠습니다."

"이 곳에는 라마승 싸꺄구나도 있습니다."

"나는 지금껏 혼자 살고 은둔하여 살다보니 좋은 음식이나 친구도 필요치 않습니다만 여러분의 뜻을 따라 혼자서 농장에 가고 싶으니 그렇게 이해해 주십시오."

하고 밀라래빠가 산기슭에 당도하자 귀신들이 갖가지 환상을 만들어 보였다. 산꼭대기로 난 길이 하늘에 닿는 것처럼 보였고 번갯불이 번쩍이고 하늘을 찢는 천둥이 울려 퍼졌다. 큰산들이 요동치고 강물이 범람하여 둑이 무너져 골짜기가 금방 큰 호수로 변했다. 밀라래빠는 마음을 집중, 무드라를 지으니 이윽고 소란이 그쳤다.

이 곳이 장차 "악마의 호수"가 되었다.

병인년 가을 초열흘날 네팔로부터 바로라 부르는 악마가 수많은 마군들을 거느리고 와서 밀라래빠를 대적하자 밀라래빠는 자비로운 스승을 생각하며 "까르마의 진리"를 다음과 같이 노래하였다.

사악한 악마들아
그대들은 전생의 악업으로
몸과 마음이 추악한 악마가 되어
허공을 떠돌고 있으나
결코 나는 해치지 못하리라.

나는 사념에서 해방된 명상자
오직 마음뿐 그밖에 아무것도 없음을 깨달아
사자처럼 당당하게 거닐고
용장(勇將)처럼 두려움 없이 행한다.

내 몸은 부처님께 용해되고
내 살은 여래의 진실한 말씀
내마음 대광명 속에
5근 6경이 분명히 공한 것을 보았나니
그대들은 인과를 깨닫고 바른 길을 걸어라.

모든 중생은 나의 아버지요 어머니
사악한 마음을 버리면 행복하리라
열 가지 덕을 실천하면 기쁘고 축복 받나니
명심하여 생각하고 보살 길을 걸어라.

악마들은 이 노래를 듣고 비웃으며 초현상적인 무기를 가지고 밀라래빠를 괴롭혔다. 밀라래빠는 잠시동안 명상에 머물러 "고통이 크면 클수록 깨달음의 수확이 풍성해짐"을 생각하고 또 역경사 마르빠에게 경의를 표하며 일곱 가지 장엄상에 관한 노래를 불렀다.

세계의 중심 수미산 곁
남섬부주의 하늘은 푸르게 빛나나니
이것은 하늘의 장엄상이고

수미산 중심 거대한 나무
해와 달 광명이 4대주에 비추니
이것은 땅 위의 장엄상이다.

태양에서 수증기 증발하여
끝없는 하늘에 갖가지 구름 되니
이는 인과법칙의 장엄상이요,

한여름 평원에 무지개 나타나
언덕에 머무나니
이것은 평원과 산을 꾸미는 장엄상이다.

시방에 떨어지는 빗물은
대지의 초목을 축여 자라게 하니
이것은 뭇 생명들을 아름답게 하는 장엄상이요,

나는 은둔처에 머물러
일심의 공(空)을 명상하니
시기한 악마들이 내 마음 괴롭히나
이는 수도자의 아름다운 장엄상이다.

이 말을 듣고 귀신들은 마음을 돌려 마법을 중지하고 밀라래
빠를 찬탄하였다.

당신은 경탄스러운 위대한 수행자
진리를 알기 쉽게 설명하는 자
기적의 힘을 들어내 보여주는 자
우리들은 당신의 말씀과 힘을 보고
까르마(業)의 법칙을 깨달아

끝없는 무지에서 해방되었습니다.
이에 밀라래빠는 일곱 가지 진리의 노래를 불렀다.

아무리 아름다운 노래도
진리를 깨닫지 못하면
빈 곡조,

비유의 말씀이 부처님 가르침에 따르지 못하면
아무리 유창하여도
공허한 메아리

진리를 실행하지 아니하면
아무리 교의(敎義)를 따를지라도
자기를 속이는 일일 뿐

입에 전해지는 진리도
닦고 익히지 아니하면
은둔생활은 자신을 가두는 감옥일 뿐

부처님의 가르침을 소홀히 하면
농장에서 수고한 농부가
자신을 징벌할 뿐

계율을 지키지 않는 이들에게
기도는 단지 공허일 뿐

입으로 떠들면서 실행하지 않는 이들에겐
웅변은 공허일 뿐

악행을 피하면 죄는 저절로 줄어들고
선행을 행하면 공덕이 쌓이나니
은둔처에 홀로 앉아 명상하라.
말이 많으면 이로움이 적느니라.

3. 라치설산에서 명상

악마의 세계를 벗어난 밀라래빠는 냐낭짜마르 마을에서 진리를 사모하는 "위르모" 부인과 그의 아들 "갸푸와"를 제도하고 눈 덮인 설산으로 떠났다. 라마승 샤꺄구나와 여제자 센도르모는 등은 밀가루와 쌀, 고기, 버터를 준비하여 밀라래빠를 배웅해 주었다.

그런데 그날 밤부터 열 여드레 동안 눈보라가 천지를 뒤덮어 냐낭마을 또한 눈 속에 고립되게 되었다. 싸가(Saga)의 달이 되자 마을 사람들은 스승의 시체를 찾기 위해 도끼와 곡괭이를 가지고 나섰다. 목적지에 가까이 갔을 때 표범 한 마리가 어슬렁거리고 있어 밀라래빠는 틀림없이 호랑이 밥이 되었으리라 생각하고 동굴 앞에 다다르니 동굴 속에서는 아름다운 노래가 들려왔다.

호랑이 해 끝날 무렵
토끼 해 시작되기 전
그 해 초엿새날
출가 결심 무르익어
멀고 먼 라치설산 찾아왔더니
열 여드레 동안 눈이 내리어
하늘과 땅이 온통 눈 세상 되었다네.

야생들은 배고파 야단이고
버림받은 가축들도 산 속을 헤매다 죽으니
산새들도 울부짖고
토끼 들쥐도 땅 속 깊이 숨었네.

나는 그 곳에서 눈보라가 이슬비로 될 때까지
생사의 바람을 다루었나니
마침내 분노의 바람 이겨
명상자 밀라래빠는 승리하였다네.

　사람들이 춤을 추며 환희에 차 들어가자 동굴 속에는 이전에
갔다 바친 밀가루와 쌀, 고기들이 그대로 놓여 있었다.
　"스승님은 무얼 먹고 어떻게 지내셨습니까?"
　"삼매 속에서 법열(法悅)을 마시고 살았지."
　"조금 전에 호랑이가 문 앞에 있는 것을 보았는데요."
　"그 호랑이가 바로 나였다. 생명에너지와 마음의 작용을 완전
히 통달한 수행자는 4대를 마음대로 지배할 수 있지. 그래서 자
신을 그 무엇으로도 바꿀 수 있는 거야. 그러나 그런 소리를 함
부로 아무에게나 하지 말게. 축일에는 다끼니 여신들의 공양을
받고 말의 달경에는 그대들이 나를 공양하는 것을 보았는데 그
날이 바로 자네들이 내가 죽었다고 제사지낸 날이었지."
　"그러면 삼매에 든 성자께서도 제사음식을 드신다는 말입니까?"
　"바르도(Bardo : 중간계) 상태에 있는 영혼은 선의를 베풀면
받아들이게 되지."
　"자 이제 마을 사람들이 궁금해 하니 우리 다함께 내려갑시다."

"나는 이 곳에서 명상을 즐기고 싶으나 그대들 뜻을 따라 잠깐 내려갔다 오리라."

하고 밀라래빠는 그들과 함께 마을로 내려왔다. 레쎄붐이 기쁨을 금치 못했다.

"스승님께서 살아서 돌아오시니 이보다 더한 기쁨이 없습니다."

밀라래빠는 그 동안의 일들을 노래로 불렀다.

다끼니 여신들의 축복을 받고
싸마야의 감로수는 영양이 풍부하였다
신실한 수행이 감관을 먹여 살리니
제자들은 상서로운 공덕을 쌓았도다.

마음은 바탕이 없고 텅비어
티끌보다 더 작더라.
보는 자와 보이는 것이 따로 없을 때
바른 견해 비로소 체득된다.

깨달음의 흐름인 수행에는
어떠한 단계도 따로 없나니
행위자와 행위가 함께 녹을 때
불굴의 수행은 확고해지느니라.

깨달음의 세계에는 주체와 객체가 따로 없고
만물이 공해 속(원인)까지 비었어라.
행위와 행위자가 사라질 때

모든 행이 바르게 되느니라.

유한한 사고가 진리에서 녹으면
여덟 가지 바람 불지 못하고
가르침과 가르침이 녹아날 때
진아(眞我)와 법신(法身)을 깨달아
이타심으로 너와 내가 없어지면
거룩한 진리가 저절로 나타난다.

어린 라마승 샤꺄구나가 말했다.
"스승님, 그 엄청난 눈 속에서 어떻게 살아나셨는지 한겨울 명상체험담을 들려주세요."

장애물이 있다면 하늘이 아니고
헤아릴 수 있다면 별무리 아니고
움직일 수 있다면 산이 아니고
늘어나고 줄어듦이 있다면 바다가 아니고
다리가 있다면 평원이 아니고
잡을 수 있다면 무지개가 아니다.
이것이 현상계의 여섯 가지 비유다.

정의를 내리면 이해를 막고
졸음과 산란이 있으면 명상이 아니고
수용과 거부는 정행(正行)이 아니고
미세한 흐름은 합일이 아니며

동서를 분별하면 참 지혜 아니고
태어남과 죽음 부처님 법 아니니
이 여섯 가지는 내면 세계의 잘못이다.

지옥 중생은 증오로 불타고
굶주린 귀신들은 비참하게 살아간다.
짐승들은 어리석음에 젖어있고
인간은 욕심에 매여있고
수라는 질투 투쟁
천신들은 자만에 빠져 산다.
이것이 여섯 가지 윤회를 잡아매는 사슬이다.

커다란 신심과 의지, 스승의 만남
수련과 은둔생활
끊임없는 정진과 명상
깨달음을 성취하는 여섯 가지 길이다.

본래 갖추어진 지혜(本智)는 깊이 없는 못이고
지각하는 지혜는 안팎이 없다.
직관(直觀)에는 어둠과 밝음 없고
법성(法性)은 만유에 변재한다.
변치않는 지혜(不變智)는 영원히 변치않고
체득지(體得智)는 행·주·좌·와에 이어진다.
이것이 지혜의 여섯 가지 본질이다.
생멸열을 깨달으면 기쁨이 솟아나고

두 길 통로 흐르는 에너지 중앙으로 흐를 때 기쁨 솟고
각성 마음 위에 흐를 때 기쁘고
아래까지 정화될 때 기쁘고
흑백 가운데서 만나 복이 생긴다.
이것이 여섯 가지 수행자의 지복이다.

이에 센도르모가 감탄하며 외치자,

진리가 펼쳐진 세상에
죄악을 짓는 일은 얼마나 어리석은가.
인간의 몸 받기 어려움을 생각하면
인생을 헛되이 지내지 않으리라.

도시의 유혹에 사로잡혀 헤어나지 못하고
아내와 친척과 다투는 일 웃음거리라.
달콤한 속삭임은 꿈속의 번뇌이고

원수는 연약한 꽃잎
가족을 생각하며 번민하며 죽는 이는
미망의 감옥에 스스로를 가두는 일

재물과 돈 남에게 꾸어주고
고민하는 사람 어리석은 사람
육신은 오물덩어리
재물과 부에 정신팔려 일생을 보낸다면

이 얼마나 어리석고 부질없는 일인가.

바보 속에서도 지각 있는 자는
진리를 닦는 사람이 될 것이다.

그 곳에 모인 신자들은 밀라래빠에게 오랫동안 머물러 떠나지
말 것을 간청하였으나 밀라래빠는,

친구들과 너무 오래 있으면 싫증나고
너무 친밀하면 증오의 마음 일어난다.
우정에 기대어 너무 오래 함께 하면
너무 많은 기대와 요구를 하게 된다.

인간의 편견은 바른 가르침을 파괴하고
나쁜 친우는 선행을 방해하며
정직한 말 대중에게 오해를 일으키고
옳고 그름 다투면 원수만 늘어난다.

저마다 교의와 신조를 무리지어 주장하면
더 많은 죄악 짓게 되고
신자들의 예물에 의무적으로 따른다면
사특한 생각이 일어난다.

죽은 자 위해 바친 음식 즐기지 말라.
위험스런 죄악 낳는다.

속된 예물은 천하고 가치없고
지나친 우정 경멸한다.

많은 소유는 임중의 고통
명상 수행자는 그 고통 앎으로
밀라래빠는 홀로 은둔하며 무소유를 즐긴다네.

하고 길을 떠났다.

4. 링와 동굴에서 만난 작씬모

냐냥마을을 떠난 밀라래빠는 스승 마르빠의 뜻을 따라 리워뺀와르로 가서 링와 가까이에 있는 동굴 속에서 명상하였다.

그런데 그 자리 오른쪽 바위틈에서 이상한 소리가 들리더니 갑자기 눈부신 빛줄기가 쏟아져 나왔다. 그 빛 속에는 검은 사슴을 탄 붉은 사람이 아름다운 여인을 시봉으로 데리고 나와 팔꿈치로 후려갈기고는 바람처럼 사라졌다. 그런데 그 여인은 밀라래빠의 발목을 잡았다. 밀라래빠는 그가 곧 마녀임을 알고 노래불렀다.

기회를 엿보는 그대 마녀는
링와작의 작씬모로구나
푸른 하늘에는 해와 달 축복이 넘치는데
라후별이 어찌하여 삿된 기운을 나타내는가.

마녀의 모습은 즉시 사라졌으나 발목은 여전히 붙잡고 밀라래빠에게 노래 불렀다.

용기와 인내 지닌 진리의 아들이여,

그대 노래 부처님 노래같아
황금보다 소중하여 놋쇠와는 바꿀 수 없네.
해와 달이 자기가 내쏜 빛에 현혹되지 않는다면
어찌 라후별이 해치겠는가.

밀라래빠는 작씬모의 노래를 듣고 여덟 가지 사념에 관한 비
유를 들었다.

그대의 말은 참으로 진실하고
그대 노래는 황금 막대기인양
내 가슴을 두들겨
무명을 밝히고 지혜의 등불 환희 밝히네.

광대한 푸른 하늘보고
존재의 공성 깨달아
모든 불안, 공포 나에겐 없네.

해와 달보고
마음의 광명 깨달아
졸음과 산란심 두렵지 않네.

당당한 산의 위용
부동삼매 깨닫게 하니
변화하고 흘러감 이제 두렵지 않네.

흘러가는 강물보고
만물의 유전 깨달아
무인사견(無因邪見) 모두 없어졌네.

하늘의 무지개처럼 바라보며
색과 공이 하나임을 깨달아
있고 없는 곳에 걸리지 않네.

물속의 달처럼 그림자보고
집착없은 깨달음으로
주객에 대한 생각 모두다 벗어났네.

자각하는 마음 돌이켜
내면의 등불 보나니
무지의 어두움 두렵지 않네.

그대 죄많은 영혼이 부르는 노래 듣고
자각의 마음 온전히 밝아
어떤 어려움도 장애도 두려워하지 않네.

작씬모는 이 노래 소리를 듣고 밀라래빠의 발목을 놓고 고운
목소리로 노래 불렀다.

전생에 쌓아둔 공덕으로
진리를 닦아

산속 은둔처에 홀로 머무는 수행자여,
자애로운 그대의 눈은 모든 존재들을
자비심으로 굽어보네.

저희 집은 링아 바위속
호법자들을 선으로 인도하고
수승한 불자에겐 법도를 보여주지만
사악한 몸을 보호하기 위하여
피와 살을 구했습니다.

밀라래빠가 다시 노래 불렀다.

사악한 마녀야,
선량한 스승 밑에 사악한 제자는
진리의 가르침을 읽고 듣기만 하여
문자에 집착하여 언어는 유창하나
거짓말 헛된 말
마음 속 더러움 씻지 못한다.

다시 작씬모가 노래 불렀다.

삼세제불 가운데 지금강불(持金剛佛)
놀라운 가르침의 주(主)이시며
보리심의 말씀은 참으로 불가사의합니다.

내 이제 사악을 버리고
불경계 이룰 때까지
수행자를 보호하는 수호녀가 되겠습니다.

밀라래빠가 말했다.

유령의 존재를 인정하면 해악이 오고
유령의 존재를 믿지 않으면 붓다가 된다.
유령과 본체가 하나임을 알면 해탈의 길이고
유령이 곧 모든 이의 부모임을 알면 바른 이해의 길이다.
유령이 그대로 진아심(眞我心)
내말 믿으면 그대 온갖 질곡에서 벗어나리라.

작씬모는 밀라래빠에게 예배드리고 여러 번 그 주위를 돈 뒤
일단 사라졌다가 동틀 무렵 화려한 옷을 입은 많은 형제들을 거
느리고 나타나 천상의 예물을 바쳤다. 밀라래빠가 말했다.

천둥과 번개 구름은
하늘에서 일어나 하늘에서 사라지고
꿀과 열매 곡식은
흙에서 생겨나 흙으로 돌아간다.
물결과 소용돌이 거센 파도
바다에 나타나 바다에서 사라진다.

습관적 욕망과 집착

장식(藏識)에서 일어나 장식으로 사라지나니
깨달음과 빛, 해탈은
마음에서 나타나 마음으로 돌아가고
환영과 허깨비, 악마의 시현은
업식에서 일어나 업식으로 돌아가느니라.

그러므로 마음의 본성을 깨닫는 이는
가고 옴이 없는 대광명을 보게 되나니라.

이에 작씬모와 그의 권속들은 기쁜 마음으로 밀라래빠에게 예
배하고 무지개처럼 사라졌다.

5. 락마 이야기

밀라래빠가 링와작을 떠나 리워뺀와르로 간다고 하자 락마의 신도들이 말했다.

"리워뺀와르 근처에 조용한 절이 있으니 거기 가서 머무는 것이 어떻습니까?"

밀라래빠는 일단 그 절로 가서 잠깐 머문 뒤 리워뺀와르로 가는 것이 좋겠다 하자 신도들이 물었다.

"누구와 동행합니까?"

이에 밀라래빠가 노래 불렀다.

나의 안내자는
어두움을 몰아내는 영광스런 스승이고
추위와 더위 멀리 여읜 무명베옷
중유계(中有界)의 미망을 부수는 기원과 행
그리고 자아를 소멸시킨 공덕의 물
깨달음을 인도하는 은둔의 명상
이 모두가 나의 안내자요 길잡이이다."

그래서 밀라래빠가 올라가 머문 동굴이 후세에는 "깨달음의 동굴"로 불려지게 되었다.

먼저 유동삼매(流動三昧)에 들자 어느 날 한 밤중에 천지가 부서지는 소리가 났다. 다시 대자비삼매(大慈悲三昧)에 들었지만 소리는 점점 커져 하늘 땅이 온통 화염에 휩싸였다. 비로소 악마군단이 포환을 터트리는 줄 알고 밀라래빠가 큰 자비심으로 진여삼매(眞如三昧)에 들어 노래를 부르니 마군들은 물러가며 용서를 빌었다.

밀라래빠가 큰 자비심으로 노래불렀다.

역경사 마르빠 스승님께 예배드립니다.
끝없는 자비의 하늘에
은총의 구름이 일어
축복의 비 쏟아지니
풍성한 수확을 거둡니다.
허공같이 가없는 중생
깨달음의 물결 내리소서.

그들 가운데는 망 지방에서 온 쩨이라모도 있었지만 나머지는 리워뺀와르에서 온 지방신들이었다. 밀라래빠는 깨달음의 동굴을 바라보면서 노래 불렀다.

여기 깨달음의 집에서
완성한 보리심
어머니 같은 마음으로

뭇중생들을 깨달음의 길로 인도하리.

하루는 라바자와라고 하는 가난한 시주자가 나무 한 짐과 밀가루 반 말 그리고 털옷 한 벌을 가지고 왔다.
"이 곳은 추운 지방이니 이 예물을 받으소서."
밀라래빠는 아무것도 필요치 않다 물리쳤으나 너무도 간절한 마음 때문에 밀가루는 받고 나무와 털옷은 돌려보내며 그 이유를 이렇게 노래 불렀다.

목마를 때는 물을 마시고
때로는 타액을 의지하지만
대자대비의 샘물 마시고
신들의 감로수를 들이키기도 한다.

추우면 생명의 옷을 입고
내부열 행법을 통해
뜨거운 맛보나니
각성(覺醒)의 친구를 만나
명상의 선지식을 뵈므로
스스로 빛나는 마음 분명하도다.

라바자와는 노래를 듣고 더욱 신심이 복받쳐 밀라래빠가 깨달음의 동굴에 머무는 동안 갖가지 음식과 식량을 공급하였다.

어느 날 락마의 주민들이 찾아와 물었다.

"스승님은 어떤 장소를 가장 행복한 곳이라 생각하십니까?
"깨달음의 동굴이지."
하고 다음과 같이 노래 불렀다.

위로는 눈덮인 산이 있고
아래로는 까마득한 마을에 신도들이 살고 있네.
구비진 강뚝 호수위엔
흰 두루미 거닐고
푸른 나무 울창한 곳에서는
원숭이들의 노랫소리 들려온다
수양버들 하늘거리는 초원에는
양떼들이 풀을 뜯고
일없는 목동들은
피리 불며 나비 춤춘다.

6. 짱땐남카종에서

밀라래빠는 락마를 떠나 짱땐남카종 동굴로 갔다. 거기에는 버섯으로 만든 갑옷과 투구를 입은 원숭이가 풀줄기로 만든 화살을 들고 토끼를 타고 있었다. 마왕을 항복받자 마을 사람들이 돌아왔다. 밀라래빠는 짱땐남카종의 대자연에 대하여 다음과 같이 노래 불렀다.

고요한 침묵 속에
위로는 먹구름이 모여들고
아래로는 푸른 강 흐르네.
등 뒤 붉은 바위
발아래 야생화가 만발하였네.
어슬렁거리는 야수들의 포효소리
독수리는 하늘을 선회하고
가랑비는 부슬부슬
꿀벌들은 붕붕대네.
야생망아지 이리저리 날뛰고
시냇물은 조약돌 사이를 흘러가는데
원숭이 나뭇가지 오르내리고

종달새 높이 솟아 환희를 노래하네.

　보시자들 가운데 한 명상 수행자가 있어 정견과 명상, 계율에 대하여 물었다. 밀라래빠는 노래로써 대답했다.

　마음의 다툼과 공,
　그리고 차별 많은 마음
　이것이 정견의 진수이고
　각성과 무념(無念), 몰입은
　명상의 진수
　무집착과 무기대 온전한 무관심은
　계율의 진수

　희망과 두려움 혼란 없으면
　성취의 진수
　도모하지 않고 숨기지 않고 분별 없으면
　교의(敎義)의 진수라네.

　노래를 듣고 돌아간 보시자들이 몇 일 후 다시 여러 제자들을 이끌고 와 건강과 행복을 물었다. 이에 밀라래빠는 노래 불렀다.

　인적없는 삼림 속에서
　즐거이 명상하면
　집착 없고 애착 없어
　걷는 것도 먹는 것도 즐겁다네.

질병없고 부조화 없어
덧없는 육신 기꺼운 마음으로 돌보니
잠자지 않은채 고요속에 앉아
비영원(非永遠)의 삼매에 잠심하여
나는 기쁨 맛보노라.

내부열로 추위를 모르고
두려움 당혹함 없이
딴뜨라 수행하여
흐트러짐 없는 마음속에
노력없이 선정을 성취하니
이것이 몸의 행복

지혜와 방편 두 길 사이
생기행과 원만행 실천하니
오고 감 없는 지혜 속에
말없는 행복
이것은 말의 행복

얻을 것 없는 것을 얻고
쉼없이 명상하니
희망도 두려움도 없어
티끌하나 붙지 않네.
이것은 마음의 행복

행복은 광체요
지순한 환희
불멸의 색
명상속에 영감이 있나니
깨달음의 열매 그 속에 있네.

제자들이 말했다.
"스승님의 노래를 듣고 나니 몸과 마음이 행복합니다. 어떻게
하여야 이 행복을 얻을 수 있겠습니까?"
"일심의 본질을 깨달으려면 이대로 실천하라."
하고 다음과 같이 노래하였다.

신심과 식견 수행은
생명의 나무이고

무집착·무고집·무무명(無無明)은
일심의 방패
명상과 근면 끈기는 일심의 준마
자아의 각성과 발현 지복은 일심의 열매

7. 쌩게종의 호랑이 동굴

밀라래빠는 스승의 뜻을 따라 짱펜남카종에서 윌모 설산으로 갔다. 씽가링 산림 속에는 쌩게종 호랑이 동굴이 있었다. 이때 윌모의 여신이 화려한 모습으로 나타나 밀라래빠를 정성껏 받들었다.

그때 원지방에서 다섯 명의 여자 수행자들이 찾아와 물었다.

"이 곳은 공포로 가득찬 곳이나 여기서 수행하면 영적 감흥이 크다고 하는데 사실입니까?"

밀라래빠가 노래로써 답변했다.

무수한 다툼,
오르고 내림이 많을수록 기쁨 또한 많고
행복은 악이 없는 몸
두려움 클수록 큰 행복 느끼나니
감각과 욕망의 죽음이여,
비탄과 욕정이 크면 클수록 더욱 통쾌하네.

번민도 질병도 느끼지 못하는
기쁨과 슬픔이 하나된 행복

이것은 오직 요가처럼
뛰고 달리고 춤추고 노니는 것 모두가 기쁨이네.

승리의 노래를 부르고
찬미의 노래를 읊으라.
흥에 겨워 떠들면 더욱 큰 기쁨오고.
전체성에 흠뻑 젖어 자신 얻으면 행복하네.

다섯 명의 여인들이 모두 제자로 입문하자 밀라래빠는 그들에게 수행자가 조심해야할 일들을 일러주었다.

한 생에 성불하고자 하면
인생잡사 바라지 말고
자아의 갈망을 녹이라.
아니면 선악의 고통에 떨어진다.

누구에게 봉사할 때
일하는 자 즐기는 자를 생각하지 말라.
생각하면
다툼과 불화가 일어나 소원을 성취하지 못하리라.

딴뜨라 공부할 때
악과 섞이지 말라.
악에 물들면 가르침이 파괴된다.

공부할 때 문자에 집착하지 말라.
5욕이 불타오르면 선의 덕행 잿더미 된다.

명상할 때 많은 일 행하지 말라.
덕행이 사라지고 수행심이 흩어진다.

가르칠 때 악마를 쫓거나 귀신을 저주하지 말라.
악마가 나타나면 계속 갈망 불붙는다.

깨달을 때 기적과 예언을 행하지 말라.
영적 공덕이 사라질 염려가 있다.

악행하지 말고
미혹식(迷惑食) 조심하고
죽은 사람 예물 떠맡지 말고
감언이설로 속이지 말고
겸손하고 겸양하라.

다시 한 수행자의 질문을 따라 노래 불렀다.

거짓과 오염된 세상에 살 지라도
진리의 끈은 끊어지지 않나니
부처님의 가르침을 따르면
길 잃을 염려는 없다.

부지런히 공덕닦아
성품 기르고
은총의 물결속에
깨달음의 씨앗을 키워가라.

은둔처에 머물 때는
도시의 즐거움 연연치 말고
마음속에 나쁜 생각 일어나지 않도록
그대 마음 내면으로 향하라.

결심과 끈기로 명상할 땐
윤회와 죄악, 불확실성의 죽음을 생각할 것이니
세속락을 비켜가면
용기와 인내가 그 가운데서 자라날 것이다.

깊은 행을 닦을 때는
지식인 학자가 되지 말라.
세속 욕심 노예 되면
이번생은 화살처럼 지내갈 것이다.

겸손하고 겸양하고
명상중에 얻은 체험
누구에게도 말하지 말고 자만치 말라.
잘못하면 여신들과 성모를 괴롭히게 된다.

스승을 모실 때는
장단점을 보지 말라.
거룩한 법회 참례할 때는
자리의 높고 낮음을 따지지 말라.

마을로 다니며 보시를 구할 때는
법을 이용하여 이익을 구하지 마라.

뽐내고 자만하고
거짓되고 위선된 일을 하지 말라.
행여 자신을 과대평가 하다
악의 짐 무거워질까 두렵다.

감동한 제자가 황금 만다라를 드리려 하니 사양하시고 다음과
같이 정견과 정행에 대한 노래를 불렀다.

우주는 마음속에 있고
마음은 잡을 수도 생각할 수도 없다.
방황하는 사념은
법신에서 녹이고
맑고 깨끗하게 깨어있는 마음
이것이 금불이라.

무위자연으로
억지 노력하지 말라.

빈 마음 공성(空性)에는
열반도 윤회도 없나니
진아를 참되게 아는 자가 성불하게 된다.

스승과 제자의 가르침은
신심과 실천의 끈기
지혜와 자비 중생
조용한 은둔처는 명상의 길잡이이고
성취한 스승은
어둠과 무지를 몰아내는 길잡이이다.

8. 비둘기로 화현한 천녀들의 공양

밀라래빠는 수호불의 예언을 따라 티베트 오지 꾸탕으로 갔다. 동굴속에 들어가 명상하고 있는데 비둘기 한 마리가 와서 백번 돌고 무염(無染) 바위 쪽으로 날아가 따라가 보니 산등성이에 쌀 한 무더기가 있었다. 비둘기가 환대하듯 쌀을 물고 와 공양하였으므로 밀라래빠는 노래 불렀다.

근·경(根·境)에 집착 않아
주·객(主·客)이 따로 없으니
기쁨 슬픔 하나 되어
무위에 들어가
옳고 그른 행동 관심 없어라.

이때 비둘기가 일곱 마리의 권속들을 데리고 와 밀라래빠의 발아래 예배하자 밀라래빠가 물었다.
"그대들은 누구인고?"
"천상의 선녀들입니다."
"어찌하여 여기 왔는고?"
"스승님의 공부에 감동했습니다."

"훌륭한 마법이로다."
하고 다음과 같이 노래하였다.

세상의 쾌락 행복하여도
오래가지 못하고
귀부인 숙녀 자존심 높아도
마지막 어느 곳으로 돌아갈까.
천당이 비록 즐거워도
영원하지 못하다네.

비둘기들이 물었다.
"무명병(無明病) 고치는 명약은 없습니까?"
"진리를 닦으며 명상하라.
세속 잡사 버리고 고요에 머무르라
말대로 실천하면
영광 있을지로다."

밀라래빠는 그들이 예물로 바친 쌀을 먹은 뒤 회색 바위가 있
는 금강성으로 향하였다.

9. 금강성(金剛城)의 안장굴(鞍裝窟)

밀라래빠가 회색바위가 있는 안장굴에 와 있다는 소식을 듣고 꾸탕 마을의 딴뜨라 수행자 한 사람이 찾아왔다.

"저는 여러 해 동안 수행하였어도 진전이 없습니다. 무슨 방법이 없습니까?"

"진리의 핵심을 알아야 하느니라."

하고 다음과 같이 노래하였다.

세상에는
태양광선의 입자보다 많은 세계가 있지만
알고 보면 모두가 한 마음이 나타난 것이다.
모든 존재의 본성은
원인도 조건도 없나니
환상속에서도 명상자는
하나의 진리를 알리라.

뛰어난 사람은 단번에 깨달으나
보통사람은 점진적으로 나아가나니
집착은 윤회의 원인

깨달으면 집착에서 벗어나고

세상과 진리 둘이 아니라고 말하면서도
여전히 거기서 깨어나지 못하면
욕망에 사로잡혀 악업 짓나니
여기에서 벗어나면
끝없는 허공 보리라.

번뇌가 곧 지혜이고
원인과 결과는 둘이 아니다.
자신 속에 상주하는
상신불을 깨달으면
무위에 이르게 된다.

제자가 감탄하고 6바라밀에 대하여 묻자 다음과 같이 노래했다.

재물과 부는 풀잎의 이슬
귀중한 몸 티없이 맑게 하라.
부지런히 착한 공덕 짓고
사납게 날뛰는 마음 경계하라.
스스로 그 마음 안으로 응시하면
안개 벗어난 태양
어두움을 밝히리라.

제자가 듣고 돌아가 다른 도반들을 데리고 왔는데 도반들이 물었다.

"스승님은 어떻게 그 많은 시련을 참고 이겨냈습니까?"

여기서 밀라래빠는 여섯 가지 결심에 대하여 노래한다.

세속 행락 사라질 때
진리 향한 깊은 신심 견고해지고
가족의 끈 끊고
고향땅 떠나도 분노가 없어야 한다.
친구와 친척 정 극복하기 어려우나
교제를 멈추면 저절로 끊어지고
무명베옷에 만족하면 세속욕이 사라진다.
소박한 말 겸허한 자세로 세상을 살아가면
뜬구름 명예욕 저절로 사라지고
바위속에 짐승처럼 살아가면
자만심과 이기심 없어진다.

그 후 꾸탕 사람들은 밀라래빠를 크게 믿게 되었다. 그런데 어느 날 새벽 밀라래빠가 명상 중에서 다끼니 여신을 만났는데 이렇게 예언하였다.

"당신은 장차 해와 달과 같은 제자 각 1인과 별같은 제자 23명, 불환과(不還果)를 얻을 자는 100명, 도의 첫 깨달음을 얻은 자는 108명, 입문자는 1천명, 그리고 진리와 인연을 맺어 영원히 윤회 악도에서 벗어날 자는 헤아릴 수 없을 것이니 궁탕으로 떠나세요."

그래서 밀라래빠는 궁탕으로 떠나게 된다.

10. 마음의 아들 래충빠

밀라래빠가 궁탕에 이르니 많은 사람들이 집 짓는 일에 분주하였다. 음식을 청하자,

"바빠서 줄 틈이 없으니 일어나 거들어 달라."

고 하였다.

"나는 이미 집을 다 지었기 때문에 한가하지만 다시는 세속적인 집을 짓지 않기로 하였다."

하니 그 집에 대하여 궁금해하였다. 그래서 밀라래빠는 다음과 같이 집의 노래를 불렀다.

신심은 내 집의 튼튼한 기초
근면은 벽
명상은 벽돌
지혜는 주춧돌
네 가지 자재로 성을 쌓으니
무너지지 않는 영원한 진리의 집
미망의 속가(俗家)와는 같지 않네.

일꾼들이 놀라 그의 권속에 대하여 묻자 다음과 같이 대답하

였다.

내적인 가르침은 뿌려진 씨앗
명상 수행은 싹틔우고 북돋는 작업
3신불 무르익어
하늘 농사 풍족하네.
텅빈 창고와
세상 떠난 여의주
열 가지 덕으로 봉사하니
번뇌 없는 행복이 그 속에 있다.

부처님은 양친이고,
법보는 내 얼굴
스님들은 친척
진리의 수호자들은 친구
하나 속의 둘은 나의 살결
체험과 직관은 눈부신 의상
굶주림의 노예
헐떡임을 벗어나
기만과 속임의 세상 떠나가니
지순한 정토 이것이 내 집이다.

밀라래빠는 라라고을(염소언덕) 위쪽 비단 동굴에 머물다가 일찍이 아버지를 여읜 소년 하나가 어머니와 삼촌과 살고 있는 것을 발견하였다.

그는 명석하고 마음씨가 착한 가운데서도 기억력이 뛰어나 불전에 나오는 이야기들을 암송하고 그것들을 소년들에게 들려주는 대가로써 예물을 얻어 살아가고 있었다.

어느 날 소년이 당나귀를 타고 골짜기 위쪽으로 소떼를 몰고 가다가 밀라래빠를 발견하고 제자가 되었다. 소년을 의지하여 살던 어머니와 삼촌이 화가 나서 저주가 담긴 항아리를 그에게 보냈는데 래충빠는 그로 인해 문둥병(龍神病) 환자가 되었다. 병을 낳기 위해 몸부림치고 있을 때 인도로부터 다섯 명의 요기가 와서 물으니 인도에 가서 와라짠드라를 찾으면 치료할 수 있으리라 하였다.

래충빠는 밀라래빠에게 허락을 받고 그의 동굴을 진흙으로 봉한 뒤 인도의 요기들과 길을 떠났다.

"세속을 버리고 진리를 위해 정진하며 삼보께 간구하라."는 스승의 말씀을 명심하고 인도에 도착한 래충빠는 와라짠드라 스승을 만나 '독수리 날개를 지닌 분노의 번개를 소유한 자'의 완전한 가르침을 받고 병이 나았다. 그래서 래충빠는 즉시 티베트로 돌아와 진흙문을 열고 들여다보니 밀라래빠가 그때까지 삼매에 들어 움직이지 않고 있었다. 너무도 놀라 인사드렸다.

"안녕하십니까. 스승님."

"오, 내 사랑하는 아들아 잘 다녀왔구나."

하고 행복의 노래를 불렀다.

친척 떠나 행복하고

고행에 대한 애착 없어 행복하고
장소에 집착않고
승복 입지 않으니 행복하고
집과 가족 떨쳐버리고
구하는 것 없이 진리의 부를 향유하니 행복하다.

재물 모을 걱정 않고
잃어버릴 걱정 없고
쓰지 못해 안달하지 않으며
마음본질 깨달으니 행복하고

시주자의 환심 사려하지 않고
권태 실증 없으며
아무것도 준비할 것 없고
모든 일 진리따라 행하니 행복하다.

이리저리 움직이고 싶은 갈망 없고
죽음도 두려워 않고
강도 도둑떼 성가시지 않고
진리 수행에 좋은 환경 갖추니 행복하다.

악업 끊고 죄짓지 않고
공덕 쌓으며
증오 살상 인연 끊고
자만 질투 버리니 행복하다.

8풍 떠나 평정하고
내 마음 내가 지켜보며
기대와 두려움 버리고
무착 깨달음 세계에서
법계 분별하지 않으니 행복하다.

내재(內在)의 자연스런 영역에서
6식(識) 마음 따로 놓아두고
감관 빛나
오가는 마음 그치니 행복하다.

11. 짜푸래빠와 목동 쌍계깝래빠

밀라래빠는 "비단 동굴"을 떠나 륀푸의 "빛의 동굴"로 갔다. 어느 날 젊은 청년 몇 명이 찾아와 물었다.

"스승님은 지난날 많은 원수를 죽인 사람, 그런데 지금은 진리의 성자가 되어 계시니 놀랐습니다."

"윤회를 면코자 하면 분망을 그치고 평화의 집을 지어라."

하고 다음과 같이 노래하였다.

훌륭한 스승은 열반의 길잡이 되고
사심없는 보시는 깨달음의 길로 인도한다.
떠오르는 달 어둠을 밝히듯 명상 체험은 마음 밝힌다.
진리를 위한 보시 윤회를 건너는 나룻배
편협 없는 정견은 일관된 명상
그 행동 불교와 일치하면 후회없이 죽으리라.

짜푸래파가 물었다.

"저희들은 세상에 너무 집착한 나머지 다음 생을 잊고 있습니다."

"온갖 가능성과 기회를 지닌 인간의 몸 받기 어렵고 인간으로 태어나 진리 닦기 어렵다. 진정한 스승 만나기 어렵고 진리를 바르게 닦는 신실한 제자 만나기 어렵다."

짜푸래파는 이 말을 듣고 큰 신심을 내어 헌신적으로 공부하여 마침내 밀라래빠의 친밀한 아들이 되었다.

밀라래빠가 '위대한 빛의 동굴'을 나와 '행복한 마을'에 이르러 음식을 구걸하다가 자식 없는 부부를 만났다. 부부는 밀라래빠를 자기 집으로 초대하고 물었다.

"선생님의 집과 친척은 어디에 있습니까?"

"나는 친척과 고향을 떠난 거렁뱅이요."

"그러시다면 저희 집에 모시고 비옥한 땅 한 떼기를 드리겠습니다."

"나에겐 그런 것이 필요치 않습니다."

"그런 말씀 마세요. 훌륭한 가문의 여인을 소개해 드릴테니."

밀라래빠는 곧 노래로써 답변하였다.

집 전답 처음은 즐거워도
몸과 맘 갉아대는 줄(爐)
밭갈고 씨뿌려도 돌아나지 아니하면
마침내 황폐한 땅, 유령 귀신 놀이터 되므로
난 덧없는 감옥에 갇히고 싶지 않노라.

천사같은 여인 눈뗄 수 없더니
중년되면 흐리멍텅 악마와 같이 된다.
한 마디 말에 두 마디 되받고

머리채 휘어잡고 정강이 걷어차네.
지팡이로 때리면 국자 던지고
늙은 할망 이빨 빠진 암소
성난 눈동자 악마의 불길같이
남편 심장 파고드니
내 입맛엔 전혀 맞지 않네."

부부가 말했다.
"우리는 아들딸이 없어 고독하기 짝이 없습니다."
밀라래빠가 대답했다.

"어린 아들 왕자 같더니
장성하니 주제넘은 채권자
예쁜 아내 맞아들여 부모 쫓아내니
부르고 고함쳐도 대답이 없다.

어릴 때는 딸이 천사와 같더니
나이 들어 시집가니 도둑이 따로 없다.
빈정대고 오해하며 서슴없이 화를 내니
잘 되면 불러다가 일이나 시키고
못 되면 재앙 불행 불러오는 장본인이라.

그러므로 나는 아들 딸 원치 않고
친척 또한 바라지 않습니다.

그 뒤 밀라래빠는 락마대에 있는 깨달음의 동굴로 돌아갔다.
어느 날 두 명의 목동이 밀라래빠를 찾아와 물었다.

"선생님, 선생님께서도 친구가 있나요?"

"그래 있다."

"누가 선생님의 친구입니까?"

"보리심(菩提心)이다."

"어디 있나요?"

"아뢰야식(阿賴耶識) 가운데 있다."

"그의 집은 어디 있습니까?"

"이 육신이다."

"우주의 의식은 마음이고 육신은 마음의 집이 되겠군요?"

"그렇다."

"한 집에 한 사람씩만 살고 있습니까, 여럿이 살고 있습니까?"

"그것은 네가 찾아보도록 해라."

그리하여 그 소년은 집으로 돌아갔다가 다음 날 아침 다른 목동들과 밀라래빠를 찾아와 말했다.

"마음은 하나 뿐
없애려 하여도 없어지지 않고
죽이려 하여도 죽일 수 없고
붙잡으려 하여도 잡히지 않고
눌러두려 하여도 눌러둘 수 없고
머물게 하여도 가만히 있지 않고
도망가게 하여도 달아나지 않고
모아두려 하여도 묶여있지 않고

보려 하여도 보이지 않고
알려고 하여도 알 수 없고
버리려 하여도 버릴 수 없고
없는 가운데서도 항상 움직이고
깨어있고 살아있어 이해할 수 없습니다.
선생님 마음이 무엇인지 설명해 주십시오."

"설탕이 달아도 먹어보아야 맛을 알 듯 찾는 자만이 마음의 당처(當處)를 알 수 있으리라. 그러니 오늘 저녁 집에 가서 마음의 색깔과 길이, 부피, 근종 등을 자세히 보고 알아가지고 오너라."

이튿날 아침 목동은 양떼를 몰고 찾아와 말했다.

"선생님, 마음은 색깔도 없고 모양도 없고 길이도 없고 부피도 없고 근종도 없으면서 온갖 색깔과 모양과 길이, 부피, 근종을 나타내는 척도가 되었습니다."

"몸은 의식과 무의식 사이에 있고 마음은 몸의 결정적 요소가 된다. 온갖 고통과 즐거움이 마음속에서 나나니 마음은 윤회의 주인공인 동시에 해탈의 주인공이 되느니라."

그리고 그의 나이와 이름을 물으니 그의 나이는 16세, 이름은 쌍계깝이었다.

밀라래빠는 그에게 3귀의를 가르쳐 주고 귀의하는 자가 누구인지 찾아보라 하였다. 목동은 이튿날 다시 찾아와 말했다.

"나를 찾아도 내가 없습니다. 어떻게 수행하여야 하오리까?"

"인과응보를 수행길로 삼고 스승에게 의지하여 입문하고 은밀한 가르침과 교의를 수행하라. 그리하면 마침내 대완성을 성취할 것이다."

"스승님 오늘부터 저는 저의 몸과 머리를 선생님께 바치겠습니다. 저의 마음을 분명하게 가르쳐 주십시오."

"먼저 3보에 귀의하고 부처님 모습을 코 끝에 그려보라."

그런데 일주일 있다가 쌍계깝의 아버지가 찾아와 아들을 보지 못했느냐 물었다. 보지 못했다 하니 이상하다고 하면서 사방으로 찾아다녔다. 급기야 어떤 골짜기에서 명상하고 있는 쌍계깝을 찾았는데 그는 이미 시간관념이 없는 아이가 되었다. 일주일을 순간으로 생각하고 있었기 때문이다. 생각다 못한 가족들은 차라리 눈앞에 놓고 근심 걱정하는 것보다는 성자에게 보내 명상하게 하는 것이 낫겠다 하며 양식을 대주기로 하고 쌍계깝을 밀라래빠에게 보냈다.

밀라래빠는 쌍계깝에게 5계를 주고 진짜 명상하는 법을 가르쳤다.

자세를 바로 하고
마음이 명상에 깊이 용해되면
생각과 마음이 모두 사라지게 되리라.

다시 마음을 쏟아 한결같이 수행하면
밝은등불 눈부신 자각의 빛이 나타나리라.
꽃과 같이 순수하고, 광막하고 텅빈 하늘을 응시하듯
빈 마음 밝고 투명하면서도 생생한 무연의 경계

이를 바탕으로 3보에 귀의하면
실상을 깨닫고 무아의 대지혜
깊은 명상의 생명줄 나타나리라.

자비의 힘 보리심에 대한 대원으로
깨달음으로 가는 길 분명하게 알면
아무것도 보는 것 없이 부처님 경지 나타나리라.

이것이 봄이 없이 진리를 본 것이며
수고함 없이 일을 성취한 것이다.

쌍계깝래빠는 이렇게 하여 밀라래빠의 '마음의 아들들' 가운데
한 사람이 되었다.

12. 친자 샤까구나와 진리의 소녀 빼다붐

밀라래빠는 망율의 '행복한 마을'에서 냐낭짜마르로 돌아왔다. 마을에는 큰 나무 아래 복부형 바위가 있고 거기 동굴이 하나 있어 거기서 머물렀다. 이때 샤까구나 신도들이 찾아와 "어떤 깨달음을 얻었느냐" 물었다. 밀라래빠는 노래로 대답했다.

아무것도 존재하지 않는다는 것을 깨달았다.
그 깨달음은 3세를 초월했고 6도도 벗어났다.
생사에서 벗어난 그 마음도 만물이 평등함도 깨닫고
행복과 슬픔, 보고 들음에서 벗어났다.
부모가 외적인 원인과 조건을 준비하면
아뢰야식이 그 안에 스며들어
지순한 인간의 몸 만들어지나니
이런 과정 자세히 살피면
버림속에 진리의 믿음 자라난다네.

애기 부처님 가르침 마음에 새기면
세속 친척 원수를 떠나
의심과 혼돈에서 자유롭게 되어

스승은 떠도는 구름 날리는 바람과 같고
깨달음의 햇빛은 달빛처럼 빛나네.

이 말을 듣고 라마승 샤까구나가 입문하고 완성의 길로 나아
갔다.

밀라래빠는 명상을 위해 북부 마문(馬門)으로 가던 중 쭝지역
의 개빠레쑴에 이르러 구걸하였다. 들판에서 인부를 지휘하고 있
던 열 다섯 살 가량 되어 보이는 소녀 빼다붐에게 시주를 요청하
니 "집으로 가보라." 하면서 자신의 집을 일러주었다. 지팡이로
문을 열고 들어가니 추악하게 생긴 노파가 재를 한움큼 거머쥔
채 소리쳤다.
　"이 더러운 거지 행자들아. 너희들은 한 군데 붙어있지 못하고
무엇 때문에 돌아다니느냐. 여름에는 우유와 버터를 구하고 겨울
에는 곡식을 구하러 다니더니 이젠 우리 며느리와 딸의 보석까지
훔치러 왔구나."
　이때 밀라래빠는 큰 소리로 외치면서 아홉 가지 뜻이 담긴 노
래를 불렀다.

위로는 하늘나라
밑으로는 삼악도
그 사이에 태어나
선택한 자유 없는 중생이 있네.

아침부터 저녁까지

온종일 잡일에 매달려
자유라곤 손톱만큼도 없는 집안의 하녀여,
믿고 의지할만한 스승을 찾으라.

집안일 때문에
일가 친척 때문에
돈벌이 하느라고
자신의 몫을 잃어버린 할머니여.

도둑질 해서라도 욕망을 채우고
죽음과 상해 속에 원수와 다투며
남의 험담에 시간가는 줄 모르고
애들 사랑에 몸둘 바를 모르는 여인이여.

믿고 의지할 스승을 찾으라.
일어날 때는 말뚝 뽑히듯 하고
앉을 때는 털썩 흙먼지
앙상한 자리 뒤뚱거리는 걸음 병든 거위같네.

피부는 주름살 앙상한 광대뼈
귀먹고 입 떨리니 우둔하고 변덕스럽다.
음식은 변변찮고
옷은 넝마
잠자리 편치 못하니
가련한 인생이로다.

높은 세계 태어나 해탈 구하는 것은
대낮에 빛 보기보다 어렵고
윤회의 비참한 세계에 떨어지는 것은
식은 죽 갓 들러먹기보다 쉽다네.

임종에 죽음을 앞둔 여인이여
자신을 생각하고
마음을 관하라.
부처님 가르침 행하면
믿고 의지할 스승 얻으리라.

할머니는 이 노래를 듣고 크게 감명하여 참회하고 눈물을 흘렸다. 그때 소녀가 집안으로 들어오며 물었다.
"무슨 일이 있었나요."
할머니가 말했다.
"훌륭한 스승을 만났으니 기뻐하고 공경하라."
밀라래빠에게 소녀가 말했다.
"법계(法系)를 설명해 주세요. 그러면 저희 뿐 아니라 다른 사람들에게도 큰 도움이 될 것입니다."
"법신은 보현이고 공덕은 부처이며 화현은 석가모니다."
"내외의 스승은 누구누구입니까?"
"지식을 전해주는 스승은 외적 스승이고, 안으로 자각을 일깨우는 스승은 내적 스승이며, 마음의 본질을 밝혀주는 스승은 그대의 참스승이다."
"만일 우리가 그들에게 입문하게 될 때는 어떻게 하여야 합니까?"

"그대의 머리 위에 놓인 물 항아리는 외적 입문이고, 자신의 몸이 곧 부처인 것을 깨닫는 것은 내적 입문이며 마음의 정수를 깨닫는 것은 완전한 입문이다."

"입문식이 끝나면 정도로 인도하는 깨달음이 있다고 하던데요?"

"외적 가르침은 행이고, 내적 가르침은 성품을 밝히는 것이고 최상의 가르침은 체험과 실제가 다르지 않는 깨달음이다."

"아, 티없는 거울이군요."

"이를 성취하려면 외딴 곳으로 가서 수행하라."

"어떻게 수행할까요?"

"떨어진 오두막에 가는 것은 외적 수행이고, 몸을 아끼고 돌보지 않는 것은 내적 수행이며, 혼자 있으면서도 넉넉하면 절대 수행이다."

"독수리가 나르면 뭇새들이 꼼짝 못하듯 하는 패행법이 있다 하던데요?"

"바깥으로 패행하면 산란심이 수렴되고 안으로 패행하면 졸리는 마음이 각성되고 본래 진아(眞我)에 안주하면 지고한 패행법이 된다."

"패행법을 하면 어떤 체험을 할 수 있습니까?"

"변재한 무위(無爲)의 뿌리를 체험하고 투명한 무위의 길을 체험하고 위대한 마하무드라의 열매를 얻게 된다."

"스승님께서는 이러한 수행을 통해 어떤 확신을 얻었습니까?"

"정견으로 천당 지옥이 없음을 확신했고 정행으로 명상도 산란도 없음을 확신했으며, 대성취로 희망도 두려움도 없음을 확신하였다."

소녀는 밀라래빠의 발아래 엎드려 절하고 음식을 차려 공양한 뒤 간청하였다.

"스승이이시여, 무지한 중생에게 큰 자비를 베푸소서."

그리고 노래 불렀다.

"오, 완전한 붓다의 화신이여.

어리석고 눈멀고 무지한 중생이 죄업으로 가득차 있습니다.

한여름 뜨거운 열기가 시원한 구름을 흩어버리니

나에겐 쉴 만한 그늘이 없습니다."

밀라래빠가 말했다.

"축복받은 행운의 소녀여.

그대 노래를 칭찬하기도 어렵고 비난하기도 어렵구나.

칭찬하면 자만하고 비난하면 화낼 것이니."

"위대한 스승의 가르침 따라 위없는 도움을 받고 싶군요."

"신심과 재산 지닌 행운의 소녀야. 다음 생은 이번보다 더 긴데 양식이 준비되었느냐. 이웃집 개에게 먹이를 던져주듯 인색한 마음으로 베풀면 도리어 악의 개에게 물리게 되리라."

"저에게 아직 내생에 대한 준비가 없습니다. 가르쳐 주세요. 그 수행법을."

"이름도 모양도 바꿀 것 없다."

하고 다음과 같이 노래하였다.

끝없는 하늘을 생각하며 무한을 명상하라.

해와 달을 생각하며 어둠도 흐림이 없는 빛을 명상하라.

홀로 우뚝 솟은 산을 생각하며 변치 않는 명상에 들어가라.

넓고 깊은 대양을 생각하며 넓고 깊은 명상에 들어가라.

그대 자신의 마음을 생각하며 의심 없이 명상하라.

하늘을 명상하라. 구름을 보고 해와 달을 명상하라.

뭇별을 보고 산을 명상하라.

돌과 나무를 보고 바다를 명상하라.

"파도를 보고 본심을 관하다가 흐르는 사념이 나타날 때는 어떻게 하여야 합니까?"

"구름은 하늘의 꽃이고 별은 빛의 반사이며, 산림은 산의 수발(鬚髮)이고, 파도는 대양의 작용이며, 사념은 생각들이 흘러가는 것이니 따로 보지 말고 함께 관하라."

그녀는 그 자리에서 생사를 초월하고 그가 열반에 들 때는 육신까지 등공하였다. 사람들은 늘 그녀가 치던 작은 북소리를 지금까지 듣고 있다고 한다.

13. 의사 약루탕빠와 산적 지곰래빠

밀라래빠는 장따고(北馬門)에서 명상한 뒤 스리리로 가다가 예루장의 객사에서 묵게 되었다. 객사에는 많은 제자들을 거느리고 있는 약루탕빠라 학승과 여러 명의 수행원들을 거느린 부상(富商) 다와노루가 묵고 있었다.

부상에게 보시를 청하니

"왜 당신은 돈 벌어 자급할 줄 모르오."

하고 반박하였다.

밀라래빠는 여기서 몇 가지 충언을 남겼다.

그대들이 정붙이고 사는 혼잡한 도시는
그대들이 세상 떠나면 황폐하게 되고,
자만과 허영 그대들 즐겨 따르는 유혹의 덫은
죽음에 임하면 피난처 되지 않는다.
함께 살기 원하는 친척과 친지
세상 떠날 땐 남겨두어야 하고
재물과 하인 자녀들 애착하여도
갈 때는 혼자가야 한다.
활기찬 몸은 죽으면

말 안장에 채워 실려보내고
튼튼한 뼈와 살 죽음에 임하면
마음대로 움직일 수 없고,
그대들 즐기는 감미로운 음식
임종에 임하면 거품이 되네.

상인 다와노루가 듣고 감동되어 참회하고 불도를 닦기 원했다.
밀라래빠는 노래하였다.

황량한 동굴 공덕의 장소
지혜와 행법 지닌 스승은 귀중한 보배
성심과 경의로 간구하면
어김없이 가르침을 수행하리라.

그때 객사에서는 의사이자 학자인 약루탕빠가 법회를 주관하고
있었다. 점심때 법회장소에 나갔더니
"불쌍한 사람이 왔다."
고 동정어린 눈으로 바라보았다.
밀라래빠가 노래하였다.

무위를 자각하는 경지에 이르러
만유를 지탱하는 삼보를 깨달았으니
세삼 삼보에 귀의할 것 없고
굳이 진언을 염송하지 않아도
요가 수행 그대로 행복하네.

의사 약루탕빠가 말했다.

"당신의 체험과 이해는 참으로 놀랐습니다. 그러나 스님은 배워야할 교리가 있고 의식이 있습니다."

"그것은 당신의 종파에서 하는 것, 나는 당신과 다릅니다."

하고 다음과 같이 노래하였다.

팔풍에 시달리는 학자 의사는
중생의 산란한 마음 고칠 수 없다.
화려한 공작 새하얀 천개(天盖)
번개같이 변해가는 허부세들.
마을 뒤 높은 사원은 비애와 기만의 상징
야단스런 공공집회 광분의 원수들 모임
말과 양떼 쌓은 보물 풀잎의 이슬

욕정에 붙잡힌 미망의 육신 도금한 시체
내적 체험없는 사람들을 수행으로 이끌려는 건
우스꽝스런 망신거리
의식에 바친 예물 세무원의 세금 같고
점과 술, 4주 5행 거짓과 속임
용신을 불러오는 온갖 주문
모두가 감질나는 무지개라
진리를 알지 못하고 의식으로 법을 설하면
자신은 물론 남을 구제할 수 없다네.

의사 약루탕빠는 크게 참회하고 그의 제자 세완뛴충자(돕자 출

신의 쎄완래빠)와 함께 밀라래빠에게 귀의하여 마음의 아들 가운
데 한 사람이 되었다.

어느 날 밀라래빠가 뙤겔의 스리리에서 명상하고 있을 때 산
적들이 찾아왔다.
"이 험한 골짜기에서 음식도 없이 어떻게 수행하십니까. 저희
들을 따라 내려가십시다."
"생활 조건 나쁜 곳이 공부하긴 좋은 곳이요."
하고 다음과 같이 노래하였다.

스리리 뙤겔은 경이로운 땅
빙빙돌면 멀어도 맘만 먹으면 가까운 곳
도시에선 멀리 떨어져 있으나
명상자에겐 가깝고
마실 물 적으나
여신들이 많은 곳
깨달음을 베푸는 뎀촉의 궁전
축복받은 장소 뙤겔의 스리리

산적 두목 지곰래빠는(지곰링카)는 큰 감명을 받고 마음속으로
터키옥을 바치려 하다가 작은 선물을 하니 "터키옥도 좋으니 달
라"고 하였다. 옥을 바치자 다시 주면서 "필요할 때 쓰라"고 하
였다.
여기서 지곰래빠는 자기의 속마음을 훤히 들여다보고 있는 밀
라래빠에게 귀의하여 마음의 아들이 되었다.

14. 시와외래빠와 갠종뙨빠정추겔뽀

밀라래빠는 여름 한 철을 북부 스리리에서 보낸 뒤 가을 추수
기를 맞이하여 탁발하러 마을로 내려가다가 깜박 길가에서 졸았
는데 금발 눈썹을 한 푸른 소녀를 만났다. 소녀가 꿈 속에서 말
했다.

"내가 데리고 있는 이 청년은 당신의 여덟 꽃잎 가운데 하나가
될 것입니다."

깨고 보니 소녀는 다끼니 여신임이 틀림없었다. 밀라래빠는 생
각하였다.

"나는 오늘 업장이 거의 녹은 제자를 만나리라."

이렇게 생각하면서 봉(Bon)으로 올라가다가 은빛찬란한 시내
를 만나자 잠시 쉬다가 또 잠이 들었는데 검은 말을 탄 청년이
나타나 물었다.

"수행자님, 여기서 무엇하십니까?"

"냇물을 건너려 해도 늙어서 힘이 없네."

"저는 먼저 바빠 가보겠습니다."

하고 가다가 물에 빠졌다. 그런데 밀라래빠가 집중력으로 물을
건너가니 그것을 보고 와서 사과하고 물었다.

"선생님께서 그렇게 큰 성자이신 것을 미처 몰랐습니다. 용서

해 주세요. 그런데 당신은 도대체 누구십니까?"

"나는 궁탕의 명상자 밀라래빠요. 자애로운 스승 고미로부터 롱뙨라가 스승에 이르기까지 열 분의 스승에게 다섯 딴뜨라와 지견을 배웠다. 구전되어 오는 네 개의 심오한 가르침으로 아홉 가지 행법을 행하고 생명에너지와 그 통로 빈두행법 통일하였다. 그리하여 4대를 다스리는 수행자가 되어 공중에도 머물고 강물도 두려워하지 않게 되었다. 내 절은 스리리에 있고 오늘 아침에는 꾸탕에 왔으나 저녁에는 어디를 갈지 모른다."

이 말을 들은 젊은이는 눈물을 흘리며 검은 말과 외투를 드리며 받기를 원했으나 모든 것을 사양하였다.

청년은 자기의 생명을 지키는 창과 칼, 화살, 허리띠, 절, 누이동생과 바지까지 드려도 받지 않자 이제는 집에 가서 공양을 받아달라고 청했어도 역시 거절하였다.

이에 실망한 청년은 자신의 복덕이 부족하고 죄업이 많은 것을 참회의 노래로 읊었다.

상서로운 오늘 아침 말을 타고 달리다가
은빛시내 물 위에서
잠들어 있는 벌거숭이를 발견하고
미친사람 바보 얼간이라 중얼거렸지요.

그런데 푸른강을
독수리처럼 날아 건너는 걸 보고
나의 모든 걸 드리고 싶었으나 받지 않으시니
내 세상에 가장 비참하고 불쌍한 자 되었습니다.

차라리 진리의 그릇이 못될 바에야
부끄러움 무릅쓰고 돌아가느니
이 자리에서 생을 마치겠습니다.

구도의 열기로 가득 찬 이 청년의 노래를 듣고 밀라래빠는 승낙하였다.

덕행 가득한 청년이여,
진리를 구하는 마음 간절하니
습관적 사념을 벗어버리고
전생의 인연을 금생에 키워가라.
그러하면 반드시 그대 좋은 법기(法器) 되리라.

청년은 몇 번이나 절을 하고 스승을 맴돌다 떠났다. 그 뒤 청년은 4개월이 지난 뒤 밀라래빠가 있는 고을 맨룽추와르에 머물 때 조카와 함께 찾아와 백옥과 황금 반냥을 보시하자 받지 않고 "바리 역경사가 경영하는 쭈또르남곌 불탑불사에 희사하고 입문하라." 하였다.

그리하여 그들은 바리 역경사에게 가서 뎀촉의 완전한 입문을 청하자 바리는 먼저 무병장수를 위한 쭈또르남곌의 외적 가르침인 메루씽하 행법과 불타경지에 들어가는 교의를 전수하였다.

그리고 뎀촉불의 내적 가르침인 칠성어(七星語) 행법과 스승의 상징인 여신 교의, 꾸루꿀라 여신의 명상법을 전수받고 사까 수도원에 이르러 수도의식을 모두 마친 뒤 밀라래빠가 있는 곳에 와서 5년 동안 스승과 함께 지냈다. 거기서 나로빠의 6법과 스승

마이뜨리빠로부터 전해 받은 마하무드라의 가르침을 전수받았다.

청년은 이전에는 다르마왕축으로 불렸으나 밀라래빠에게서 시와외래빠라 이름을 새로 받았다. 옛날엔 물질적 감각주의자였으나 밀라래빠를 만나 다시는 가죽신을 신지 않고 한 벌 이상의 무명옷을 입지 않고 이틀치 이상의 양식을 저축하지 않고 고향 땅에 돌아가지 않고 전심전력으로 수행에 몰두하였다. 그는 항상 스승의 가르침을 마음 속 깊이 새겼다.

마르빠와 미라의 교의는 수승하고
효력이 뛰어나다는 것을 믿고
완고한 신조와 공허한 언어를 삼가고
옛 영화를 모두 버리고
찾는 이 없는 빈 골짜기에서
세상 친구들을 멀리 떠나 자신을 관찰했다.
남의 스승이 되려하지 않고
겸허한 마음으로 지고한 깨달음을 향해 명상하였다.
식견이 많은 사람은 세속일에 집착할 위험이 있기 때문이다.

그때 스승 밀라래빠는 일곱 가지 위험을 일깨워 주었다.

첫째는 소승의 즐거움에 떨어지는 것이고
둘째는 교의를 이용하여 재물을 구하는 것이며
셋째는 성직자 됨을 자랑하는 것이고
넷째는 수행의 광행(狂行)에 떨어지는 것이고
다섯째는 공허한 말을 탐닉하는 것이고

여섯째는 무기공(無記空)에 떨어지는 것이고
일곱째는 무명을 완전히 밝히지 못하는 것이다.

이리하여 시와외는 문자와 지식에 관한 탐구를 버리고 옷과 음식에 연연하지 않고 명상에만 몰두했다.

하루는 옛 친구가 찾아와 "부유한 집안의 멋쟁이가 하루아침에 거렁뱅이가 되었구나." 하고 불쌍히 여겼지만 모두 그것은 윤회의 빌미가 될 뿐 해탈의 법선이 될 수 없다 일축하였다.

시와외는 밀라래빠가 열반에 들 때까지 시봉하여 그의 모든 것을 전수받았다. 한편 쌍계깝으로 알려진 그의 조카는 레빠에서 수도원을 경영하고 있기 때문에 바람직하게 되지 못했다.

시와외는 밀라래빠가 열반에 드신 뒤 파주 지방의 한 골짜기에 들어가 완전한 깨달음을 얻을 때까지 도를 닦아 공덕을 성취하여 동굴의 바위를 마음대로 통과하고 생전에 여신의 정토로 승천하기도 하였다.

밀라래빠는 완전 무소유의 성자였다. 그가 지닌 것은 등나무 지팡이 하나였다. 어느날 밀라래빠는 지팡이를 가지고 제자 쎄완래빠와 함께 보시물을 구하러 쩬 골짜기로 내려갔다. 한 노파에게 구걸을 청하니

"나는 동전 한 푼 없는 사람이니 건너편 정추바르의 부잣집에 가보시오."

하였다. 그리하여 부잣집에 가니 정추바르라는 씨앗을 고르고 있었다.

"시주물을 구하러 왔습니다."

"수행자에게 보시는 참으로 기쁜 일입니다. 농사에 비유된 법문을 일러주십시오."

이에 스승과 제자가 함께 노래 불렀다.

봄이오면 밭갈고 씨뿌리듯
수행자는 욕망의 거친 들판에
예비 수행의 퇴비를 뿌리고
감로의 수비(水肥)로 일심의 씨앗을 가꾸네.
지혜의 쟁기에 비이원(非二元)의 황소를 메워
가르침의 코 걸어 정진의 빗대를 조이고
근면의 회초리를 들고 깨달음의 씨앗을 싹틔운다.
농부는 해마다 씨앗을 뿌리나
수행자는 일생에 한 번 거둔다네.

시주자가 지팡이를 보고 물었다.

"손에 든 것은 무엇입니까?"

"원래는 거대한 반석에서 자라나 야생 사슴들의 친구가 되었는데 이 지팡이는 남쪽 네팔 신도가 나에게 주어 나갈 때마다 가지고 다니는 것이네. 뿌리를 단절한 것은 윤회를 끊은 것이고, 위쪽 가지를 잘라낸 것은 미혹을 끊은 것이며, 두척 길이는 지혜와 자비이고 질좋고 부드러운 것은 한 마음의 본성, 밝은 색깔은 일심의 상징, 휘기 잘하는 것은 수행과 헌신이고, 길고 가는 것은 깨달음의 완성, 네 마디는 4무량심, 세계의 혹은 삼신불, 굽은 장식은 언어유희를 초월한 것이고, 밝은 빛은 법신의 표적, 빈 속은 속마음이고 얼룩점은 생명열이고 검은 반점은 수행자의 산란심, 머리덮개는 은둔처 구리손잡이는 다끼니 여신, 날카로운 못은 용기와 근면, 청동고리는 공덕의 닦음, 그러므로 수행자의 지팡이는 마군을 정복하는 상징이라네."

부자는 이 법문을 듣고 너무 기뻐 큰 신심을 일으키고 죽을 때까지 모실 것을 원했다. 그러나 밀라래빠는 일주일 동안 머물고 떠나며 다음과 같이 노래하였다.

깊은 산 청량수(淸凉水)는
허풍병을 고치고
영락의 황금궤는
월광왕자만이 가질 수 있듯
감기와 열병은 짠단향목이 치료하고
열 가지 선업은 천상에 태어나는 씨앗이네.
전생의 인연으로 갠종의 부자 만나
7일동안 지냈으니
가족들 건강하고 오래 살기 바라네.

부잣집을 떠나 다른 곳으로 가다가 어떤 읍에서 딴뜨라 수행자를 만났다. 수행자가 말했다.
"당신은 정견과 정행, 평등행을 실천하는 수행자 같습니다."
"불타의 경지를 성취하려는 사람은 장황한 연설이 필요없소."
하고 다음과 같이 자신을 돌아볼 것을 경계하였다.

첫째 나는 극단을 떠나 하나 속 둘을 체득하였는가, 아니면 사변에 떨어져 있는가.

둘째 의도적 마음의 노력에 자유로운가.

셋째 형태와 물질의 유령에 사로잡혀 있지 않은가.

넷째 삼매의 황홀한 체험이 욕망에 붙잡힌 미망의 경지가 아닌가.

다섯째 축복과 은총 없이 현상계의 법칙에 족쇄 채워지지 않고 있는가.

여섯째 딴뜨라 법인으로 설법할 때 상정이상의 진리를 가르치는 것은 아닌가.

일곱째, 행여 의도적인 노력에 오염되어 지순한 진아를 더럽히는 것은 아닌가.

여덟째 행여 교사로써 잘못을 저지르지나 않고 있는가.

아홉째 세상의 부귀영화가 환영임을 깨닫고 있는가.

이 말을 들은 갠종 교사는 신뢰와 믿음을 가지고 밀라래빠를 집으로 모셔 공양하고 정진의 의식을 받고 함께 라치설산에 들어가 모든 가르침을 전수 받아 대자유인이 되었다. 이 분이 후세 마음의 아들로 알려진 갠종뙨빠정추겔뽀이다.

15. 담와쟈푸와 카충래빠

밀라래빠가 라치설산에서 명상하고 있을 때 꿈 속에 보석으로 단장하고 뼈로 만든 장신구를 가진 아름다운 소녀가 나타나 부탁하였다.

"밀라래빠님, 부디 마르빠 스승의 예언을 따라 띠셰설산으로 가서 명상하세요. 가는 도중 자질이 뛰어난 제자를 만날 것입니다."

잠에서 깨어난 밀라래빠는 다끼니 천녀의 수호불이 계시한 것으로 알고 서둘러 라치를 떠나 띠셰설산으로 갔다. 도중 담와쟈푸라하는 냐낭짜마르 사람을 만났다. 그는 밀라래빠를 집으로 초대하여 예물을 바치고 음식을 정성껏 대접하였다. 그리고 설법을 간청했다.

"제자들을 위하여 당신의 가슴속에 핀 진리의 꽃을 말씀해 주십시오."

그리하여 그는 마음속에 지니고 있는 스물 한가지 노래를 들려주었다.

딴뜨라의 수승한 도와 스승의 핵심적인 교의와
불굴의 끈기와 결심은 세 가지 중요한 요소이고

생명에너지를 중추(中樞)에 꽃피우고
마음본질을 무위에 머물게 하며
의식을 관찰하는 것은 세 가지 법문이네.

스승 뜻 충족하고 마음 소원 성취하고
노력 없이 이타행을 하면 세 가지 위대한 행위이고

외적 방해와 악마 사라지고 내적 욕심 정욕 녹고
신체질병 부조화 없어짐은 세 가지 소멸이네.

진리에 능하고 풍부하게 설하고 온갖 질의응답 막힘 없고
마음의 본질 바로 알면 세 가지 유능한 것이고

지복(樂)의 본질 공함을 깨닫고 분별 없이 만물을 보고
언어를 초월한 진리 알면 세 가지 정견이며

사람들이 무리지어 모일 때 방편과 기쁨 주고
다끼니들이 몰려오게 하면 이것은 세 가지 집회라 하네.

이것이 명상 중에 체득한 결심이다. 진리를 찾는 자들을 소중
히 여겨야 할 것이나 너무 많은 가르침은 자유를 방해하기 때문
이다. 그 후로 담와쟈푸는 밀라래빠에게 귀의하여 핵심교의를 파
악하고 스승의 친밀한 아들이 되었다.

밀라래빠가 마르빠의 예언을 따라 제자들과 함께 띠셰설산으로

가다가 로워호수 근처에서 한 제자가 병이나 그 해 여름은 그 곳에서 보냈다.

  가을이 되어 다시 떠나려하자 제자들과 신자들이 송별연을 베풀고 가르침을 청했다.

  티베트의 수행자 밀라래빠는
  배운 것은 적으나 가르침은 위대하네.
  잠을 거의 자지 않고 명상에 전념하고
  겸허한 마음 인내는 꺾이지 않네.

  하나를 알면 모든 것 알고
  모든 걸 얻고서는 만법이 하나임을 아네.
  밀라래빠는 절대의 진리에 통달했네.

  잠자리 좁아도 두 다리 뻗고
  무명옷 엷어도 온몸 따뜻하며
  먹을 것 적어도 언제나 자족하네.

  수행자는 미라를 존숭하고 신도들 찾아오네.
  생사의 길에서 길잡이이기에
  집에 집착없이 정진에 거처없고
  모든 걸 뜻따라 살아가네.

  밀라래빠는 재물을 갈망치 않고
  좋은 음식 나쁜 음식 가리지 않고

욕정의 독침에 시달리지 않네.
바라는게 없어 소중한 것 얻고
내면에도 바깥에도 가진 게 없네.

늙은이들 위로하고
젊은이들 친구되고
신들과 사람들의 행복을 바라네.

실로 이것은 밀라래빠의 삶과 수행이었다.
    제자들이 다시 자신들의 수행에 대해 교훈주기를 바라자 황금
채색화, 보옥같은 꽃잎, 넘치는 홍수, 무르익은 벼, 화려한 비단,
값비싼 보석, 초생달, 귀여운 아들 딸을 비유로 들어 설법하였다.

황금채색화는 그리고 나면 퇴색한다.
자주빛 보옥 아름다운 꽃잎은
늦가을 찬서리 내리면 시들어진다.
세찬 홍수 골짜기 휩쓸다가 평원에 이르면 부드러워진다.
들판의 벼 무성해도 낫을 들면 쓰러지고
화려한 비단 가위 앞에 두 동강이 세 동강이
보석함 소중해도 주인만 바뀌고
푸른 달빛 명랑해도 머지 않아 흐려진다.
아들 딸 소중해도 언젠가는 헤어지니
이 여덟 가지 기억하여 무상을 깨달으라.

그때 세 사람의 젊은이들이 시자로 써달라고 간청하자 시자의

어려움을 열 가지로 설명하였다.

① 자비심 없는 자는 사악 중생 개심키 어렵고
② 진리 열망 없는 사람 공덕나무 키우기 어렵다.
③ 끈기 없는 수행자는 깨달음을 체험할 수 없고
④ 계율 없는 수행자는 존경받기 어렵다.
⑤ 딴뜨라 수행자가 계율을 어기면 은총받기 어렵고
⑥ 인색한 시주자는 좋은 평판 어렵다.
⑦ 농담 잡담 즐기는 수행자는 존경받기 어렵고
⑧ 선덕 인과 무시하면 공의 진리 터득치 못한다.
⑨ 수행을 싫어하면 자신의 삶 바르기 어렵고
⑩ 바른신심 일어나도 자신을 이기기는 더욱 어렵나니라.

　　노래를 마치자 어떤 이는 옷을 잡고 어떤 이는 껴안고 울면서 서로의 평안을 빌었다. 그때 젊은이 가운데 한 사람이 따라가기를 애원하여 허락을 받고 띠셰에 이르러 대자유를 얻으니 그가 밀라래빠의 친밀한 아들 가운데 한 사람인 카충래빠다.

16. 다르마왕 축래빠

　가을 석달의 마지막 달(十月) 초에 밀라래빠는 제자들과 함께 보시를 구하러 뿐렌찌탕으로 갔다. 마을 사람에게 말했다.
　"보시자들이여, 우리에게 먹을 것을 주시오."
　그 가운데 화려하게 차려입은 소녀가 여쭈었다.
　"당신은 누구십니까?"
　밀라래빠는 노래로써 대답하였다.

　아버지는 꿍두쌍뽀(完全者),
　어머니는 조와쌍모(貴女),
　지혜의 왕은 나의 형님,
　해탈의 등불은 나의 숙모,
　빛나는 믿음은 나의 누님,
　자생지(自生智)는 나의 친구,
　깨달음은 아들이고,
　우주만물은 나의 경전,
　생명은 에너지고
　의식은 준마,
　나의 흰색은 불탑이고

4방의 짱은 나의 보시자니라.

　노래를 듣고 소녀는 행자들을 집으로 초대하여 공양하고 스승의 가르침을 따라 구도에 나아가게 되었다.

　그 후 밀라래빠는 제자들과 함께 제째 설산으로 향했다. 어느 날 많은 신도들이 찾아온 가운데 자질이 뛰어난 귀족 청년이 있어 청법하였다.
　밀라래빠는 노래불렀다.

　걸을 때는 지각과 본질을 일치시키고
　앉을 때는 긴장을 풀고 편히 쉬며
　잠잘 때는 평상심으로 자라
　먹을 때는 생각을 비우고 먹고
　아플 때는 지혜의 생수를 마시라.

　신자들이 말했다.
　"우리들에게는 과분한 말씀입니다."
　"그렇다면 행하지 않겠다는 말이다."
　하고
　"덧없는 육신이 본래불이고 번뇌 속에 보리가 있다."
　하였다. 그때 그 청년은 이 법문을 듣고 마음속에 다짐하였다.
　"언젠가는 나도 스승을 모시고 수행하리라."
　그런데 이듬해 봄 다른 곳으로 옮겨가려 할 때 큰 잔치가 벌어졌는데 귀족 청년이 말했다.

"저도 진리의 대열에 들어서 수행하기로 결심하였습니다. 부모님과 친척들에게 허락을 받아올터이니 우선 시봉자로 써주십시오."

"진리의 수행자가 바깥 영향을 끊지 못하면 어떻게 다른 지배를 벗어날 수 있겠는가. 무집착의 보시물로 살아갈 수 없다면 명예와 자만심에서 자유를 얻지 못하리라."

이 말씀을 듣고 그 청년은 당장 진리를 수행키로 하자 그의 양친도 허락하였다. 그가 바로 밀라래빠의 친밀한 아들 가운데 한 사람인 고금래빠다르마왕추자와이다.

밀라래빠가 몇 명의 제자들과 함께 띠세설산에 가고 있을 때 띠세와 마팜의 지신들이 몰려와 환영하고 자기들의 명소에서 머물러 줄 것을 호소하였다.

밀라래빠가 마팜의 호수가에 이르렀을 때 나로뵌충이라는 뵌 사제가 제자들을 데리고 와 물었다.

"당신들은 어디서 와서 어디로 가고 있습니까?"

"뿐렌에서 띠세로 가는 길이요."

"당신은 누구십니까?"

"밀라래빠요."

"아, 그렇습니까. 당신은 마팜호수와 같이 이름이 나 있습니다. 그러나 당신들이 이 곳에 머물러야 한다면 뵌 신자(무당)의 가르침을 받아야 합니다."

"이 곳은 진리의 수호자들이 살아갈 곳이요. 그러나 당신들이 원치 않는다면 우리는 다른 곳으로 옮겨가겠소."

"이 째째한 수행자여, 그렇게 심통이 좁은가. 만일 그렇다면 나와 신통을 겨뤄 이 곳의 주인을 가리도록 합시다."

빈 사제는 말을 마친 뒤 두 다리 사이에 호수를 끼어 넣고 걸 터앉아 노래 불렀다.

설산은 높아도 눈속에 덮여있고
호수는 깊어도 바람에 파도가 일어나네

밀라래빠는 호수 가운데 앉았다. 크지도 작지도 않고 꼭 맞았 다. 노래 불렀다.

영취정상에 8무외 법석을 펴고
완전 승리자 석가모니가 좌정하였네.
천상 옥민의 진리궁에
둘 아닌 지혜의 본신(本身)
무한한 금강불이 상주하시네
본생의 화신은 띨로빠요
문지기 대학자는 나로빠
역경사 생불은 마르빠시네
나는 이 4왕신과 축복과 은총을 받았네

그리고 밀라래빠는 손가락 끝에 올려놓고 놀았다. 그런데 그 안에 있는 생명은 조금도 다치지 않았다.

두 번째는 초능력으로 띠셰설산을 도는 것이었다. 빈 사제는 오른쪽으로 밀라래빠는 왼쪽으로 돌았다. 빈 사제가 몇 바퀴 돌 다가 큰 바위를 한꺼번에 들자 밀라래빠는 그 바위를 잡고 사제 까지 함께 들었다.

세 번째는 뵌 사제는 동쪽 동굴에 밀라래빠는 서쪽 동굴에 각각 자리를 잡고 서로 두 다리를 쭉 뻗었는데 밀라래빠의 다리는 뵌 사제가 있는 곳까지 나왔으나 뵌 사제는 겨우 시냇물까지만 뻗었다.

네 번째는 돌로 집짓는 일을 했는데 뵌 사제는 돌을 제대로 들어올리지 못해 패배하였다.

다섯 번째는 수미산 정상에 오르는 것이었다. 약속한 날 새벽 나로뵌충은 초록색 외투를 입고 뵌 악기를 연주하며 북 위에 올라앉아 설산에 올랐다. 그런데 밀라래빠는 누워서 아직 자리에서 일어나지도 않았다. 제자들이 안달을 하자 일어나 보니 뵌이 정상 주위를 뱅뱅돌고 있는데 애를 써도 정상에는 나아가지 못하고 있었다. 동이 트고 태양이 솟아오르자 밀라래빠는 손가락 한 번 퉁기는 사이 정상에 올라앉았다. 뵌 사자의 북은 굴러 떨어졌고 뵌 또한 떨어졌다. 뵌 사자가 외쳤다.

"이 산은 당신의 산입니다. 나는 이 산이 보이는 곳으로 이사 가겠습니다. 어찌하여 당신은 그렇듯 훌륭한 지혜를 가질 수 있습니까?"

"부처님의 지혜는 본생지고 그대의 지혜는 분별지다."

그래서 밀라래빠의 후예들이 띠셰설산의 세 호숫가에 자리 잡게 되었다.

17. 래충빠의 깨달음과 중충래빠의 만남

밀라래빠는 제자들과 띠셰설산을 한바퀴 돌고 꾸탕에 있는 불멸성으로 갔다. 신자들이 선생님의 기쁨을 노래로 들을 수 있게 해달라고 부탁하여 노래불렀다.

악마의 시궁창을 피하듯 자신의 영토를 포기한 것 기쁘고
굴레를 벗어난 준마처럼 주객을 떠난 명상 기쁘고
은밀한 곳 즐기는 들짐승처럼 적정처 즐기는 수행자 기쁘고
푸른하늘 독수리처럼 흔들림 없는 명상수행 기쁘고
하늘로 치솟는 솔개처럼 걸림 없는 수행 기쁘고
양떼를 지키는 양치기처럼 밝은 빛 체험한 것 기쁘고
세계의 수미산 당당하듯 흔들림 없는 마음 체험한 것 기쁘고
흐르는 강물처럼 부단히 느껴지는 명상 기쁘고
묘지에 잠든 시체처럼 하염없는 수행 기쁘고
대양에 던져진 조약돌처럼 다시는 돌아오지 않는 수행 기쁘고
달리 나무에서 떨어지는 잎처럼 불생의 수행 기쁘다.

어느 날 밀라래빠는 래충빠의 체험 성취를 시험하기 위해 열두 가지 속임수로 알아보았다.

세상만사는 속임수, 그래서 거룩한 진리 찾고
쾌락과 유혹은 어리석음, 그래서 둘 아닌 진리 명상하고
친구 하인들 속임수, 그래서 난 홀로 수도하네.
돈과 재산 속임수, 그래서 난 모든 걸 남에게 베풀고
외부세상은 환상뿐, 그래서 내 안의 큰 맘 바라보네.
어지러운 생각 속임수, 그래서 난 지혜의 길 걷고
방편의 가르침 속임수, 그래서 난 진리 명상하네.
경전 또한 속임수, 그래서 전해진 핵심만 명상하고
문자 언어 속임수, 그래서 난 무위에 휴식하네.
태어나고 죽는 것 환상뿐, 그래서 난 무생의 진리 찾고
일상적 마음 한결같이 잘못 이끌 뿐,
그래서 난 생생한 각성 일깨우네.
마음을 구속하는 수행법 잘못 이끄는 속임수,
그래서 나는 실재의 세계에 편히 쉬네.

이 노래를 래충빠가 듣고 간절히 스승께 요청하였다.

아버지 스승이시여,
내마음 무지로 가득차
길을 잃고 헤매입니다.
졸음과 산란 찾아들어
법열의 땅 만들지 못하고
얻음과 잃음 놓아버리지 못하니
일시적인 행위 피하지 못하고
딴뜨라의 가르침을 온전히 수행치 못하고 있습니다.

윤회와 열반의 거짓된 구별
내마음 붓다와 같은줄 깨닫지 못하고
희망과 두려움 평등하게 받아들이지 못하며
내자신 참 모습 꿈입니다.

밀라래빠가 은총의 자비 물결 보내면서
"더 솔직하고 진실하라."
일렀다. 래충빠는 그 자리에서 깨닫고 일곱 가지 발견의 노래
를 불렀다.

만상 속에 공성을 보고
공성 속에서 법신을 보고
현상 속에서 둘아님 보고
적백 속에서 평등을 보고
그림자(육신) 속에서 기쁨을 얻고
세상 속에서 초월법 얻고
내마음 안에서 부처를 보았습니다.

밀라래빠는 래충빠가 아직 완전한 경지는 아니나 그에 가까이
온 것을 인정하고 다음 여덟 가지 경지를 보여주었다.

공을 본 자는 생각이 발라야 하고
꿈을 깬 자는 수행이 발라야 하고
축복 받은 자는 행이 발라야 하고
다르지 않아야 실상의 경지에 이른다.

빈 마음 본 자는 법신의 경지에 이르고
고락에 치우치지 않는 자가 바른 가르침 할 수 있고
마음과 불 하나인 것 본 자가 진정한 성취 도달한다.

래충빠는 이렇게 스승의 축가를 듣고 깨달음과 지견이 점점
깊어져 여섯 가지 바르도의 노래를 불렀다.

위대한 공 나타나는 곳에 유무의 생각이 없고
일체 이해 초월한 순간에도 실체는 존재하지 않습니다.
공과 지복 바르도 안에서는 명상 대상 아니고
자연 그대로 평등한 마음 이것이 수행입니다.
윤회의 세상에는 위선자 나쁜 친구없고
만나는 사람마다 좋은 친구
이것이 바른 행위의 확신입니다.

이 노래를 듣고 제자가 스승을 기쁘게 하는 법 세 가지를 들
려주었다.

첫째는 신심과 지성으로 스승에게 귀의하고
둘째는 스승의 가르침 철저히 배우고 숙고한 뒤 부지런히 수
행하고
셋째는 실제적인 깨달음으로 스승을 기쁘게 한다.

아울러 밀라래빠는 옛날 마르빠 스승께서 들려주신 몇 가지
충고를 제자에게 들려주었다.

모든 귀의처 가운데는 부처님이 제일이고
모든 친구 가운데는 신심이 제일이고
모든 악행 가운데는 번뇌가 제일이고
모든 악마 가운데는 자존심이 제일이고
모든 부덕 가운데는 비방이 제일이다.

죄업을 정화하지 못하면 윤회를 면치 못하고
공덕 쌓지 못하면 해탈의 기쁨 없다.
악을 지으면 악도에서 고통받고
공과 자비 명상하지 아니하면 성불하지 못한다.

금생에 성불하려면 정신차려 마음 관하고
딴뜨라의 법과 방편을 수행하라.
명성과 재산 칭찬은 악마의 권속이고
남 헐뜯고 자신 높이면 끝없는 지옥에 떨어진다.
야생 코끼리 같은 마음 다스리지 못하면 수행해도 소용없고
보리심 일깨워 무생을 알면 최고의 정견이다.
깊은 명상 방편행에 에너지통로(호흡수련) 중요하다.
타고난 진면목 알고 삼보에 자신을 맡기면
생명에너지 고갈되지 않을 것이다.
불생의 마음 관하고 모든 고통 나쁘게 여기지 말라
마음 깨달으면 부처가 되니 말과 행위 필요치 않다.

그 뒤 밀라래빠는 다끼니 여신들의 공양을 받으면서 그들에게
인과법을 설하여 환희와 기쁨을 얻게 하였다.

다음날 꾸탕에서 몇 명의 신도들이 찾아와 밀라래빠에게 설법을 청하자 밀라래빠는 삼보에 귀의하는 법을 가르쳐 주고 진리를 수행하면 많은 이익이 있다는 것을 설명하였다. 신도들이 물었다.

"선생님도 기도하십니까?"

"그렇다. 기도는 은둔처이다. 오직 그 속에서 수행하고 헌신한다."

신도들은 이 말을 듣고 더욱 깊은 신심으로 수도 정진하였다.

18. 지워래빠와 센곰래빠

어느 날 초파일 이른 아침. 밀라래빠가 작꺄도제종 동굴에 있을 때 다끼니 천녀들이 세속옷을 입고 나타났다.

"내일 아침 호수 동쪽에 부정한 환락군들이 들 것이니 저들을 바른 길로 인도하여 주소서."

이튿날 아침 밀라래빠가 동쪽으로 나아가다가 양치기를 만났는데 밀라래빠가 땅에 발을 딛지 않고 걷는 것을 보고 공양을 올리고 청법하였다.

밀라래빠는 그에게 인과와 윤회를 설하고 인간 몸받기 어려움과 피할 수 없는 죽음에 대하여 설하였다.

양치기는 법문을 듣고 깊은 감동을 받아 구원의 빛을 부탁하고 또 마모종이라 부르는 동굴을 안내하여 주었다. 그리고 법문을 듣고 수행한 뒤 물었다.

"어떻게 수행해야 행복해지느냐."고

밀라래빠가 답했다.

"수행하고 싶으면 악업을 짓지 말고 덕을 쌓으라."

양치기는 그 뒤로 스님의 시자가 되어 가르침을 받고 대도를 깨달으니 깨달음의 제자들 가운데 가장 뛰어난 지워래빠가 그 사람이다.

밀라래빠가 지워래빠를 만나던 날 다끼니들이 밀라래빠에게 말했다.

"밀라래빠님 라푸라로 가십시오."

그리하여 라푸라로 가서 중풍에 걸려있는 독실한 뵌교 신자를 만났다. 그런데 마침 그의 아들이 점쟁이에게 점을 치고 병을 낳으려면 야크와 염소, 양, 각기 백 마리씩을 잡아 공양을 올려야 된다는 말을 듣고 막 그 짐승들을 잡으려 하는 순간이었다.

밀라래빠가 집안으로 들어가니 아들들이 들어오지 말라고 하였다.

밀라래빠가 말했다.

"내가 원하는 것은 음식이오."

아들들은 음식을 대접한 뒤 바로 보내려 하였다. 친척들과 의사들이 환자 주위에 둘러앉아 병세를 살피고 있는데 밀라래빠는 그들에게 보시를 청했다.

그때 환자가 갑자기 밀라래빠의 옷을 부여잡고 애원했다.

"라마시여, 내 목숨이 경각에 달려있습니다. 부디 자비심으로 돌봐주소서."

"그대에게 상서가 있을 징조입니다."

"저희 병만 고쳐주신다면 선생님께서 하시는 말씀 무엇이든 따르겠습니다."

"죽을 목숨을 살려준다면 좋은 일이 생길 것입니다."

하고 곧 그 곳에 모인 사람들을 돌아가게 하였다. 아들이 물었다.

"선생님의 의식에는 어떤 희생물이 필요합니까?"

"나에게는 아무것도 필요치 않습니다. 나에게는 22인의 가족에 대한 비유라는 축송이 있을 뿐입니다."

하고 송을 외웠다.

쏘우 욘욘욘욘욘 용고.
태초에 4대가 한데 모여
윤회의 도시를 형성하니
빛나는 공 각성 속에서
한없는 상념과 인식 솟았네.
미망의 세계는 환영(幻影)이니
신상(神像) 부상(父像)에 집착말라.

아버지 어머니가 한 몸 되자
인연의 아들들이 태어나니
의식의 여덟 아들
양친과 자녀 합하니
자그만치 스물 두 명이네.
이 가족 의지하여 8만번뇌 일으켜서
3백6십망상 4백4병 생겨나네.

뵌 곡조에 맞추어 부르는 노랫소리를 듣고 환자는 그 자리에
서 일어났다. 사람들은 기쁨에 차 환호성을 올렸다.

이것이 다끼니들이 '부정한 환락을 즐기는 삿된 사람들을 개종
시키고 많은 사람들에게 축복을 베풀라.'한 예언이었다.

그래서 그의 아버지와 형제들은 밀라래빠가 랑고루뒤종 동굴과
배푹마모종 동굴 빼쿵찌종 동굴에 머물 때 헌신적으로 봉사하여
세상을 복되게 하는 사람들이 되었다.

19. 여제자 래충빠와 사냥꾼 이야기

밀라래빠가 제자 래충빠와 함께 지참 지방에 다섯 개의 작은 호수들 사이에서 걸식하고 있을 때 총명한 소녀 래충빠가 네 명의 소녀들을 데리고 와 신랄하게 비평하였다.

띠셰설산의 명성은 높고 높지만
와서보니 한갓 눈덮인 탑
마팜 호수 명성 높지만
와서 보니 옥구슬 만다라
붉은 바위 창공에 솟아 있어도
가서보니 한갓 툭 튀어나온 돌바위
그대들 명성 멀리서 듣고 와서 보니
한갓 거렁뱅이 거추장스러운 장애물에 불과하네.

소녀들의 노래 소리를 듣고 밀라래빠가 응답하였다.

띠셰설산은 세계의 배꼽
설산 표범이 춤추는 성소
마팜 호수는 청량호(清凉湖)

4대강의 근원으로 물고기 수달들의 낙원이네.

붉은 바위 비제산맥 티베트인들의 경계선
약목 짼단과 쌍주나무 무성한 곳
벌거벗은 수행자는 집착을 벗은 도인
와서 보면 똑같은 사람이다.

래충빠가 진주같은 눈물을 흘리며 밀라래빠 발 아래 절하며
노래불렀다.

하나의 등불이 다른 등불로 전해지듯
가르침은 법신 금강불로부터 시작됩니다.
법계의 전수자들이여, 깨달음과 자비의 화신들이시여
저희들에게 감로의 비를 뿌리소서.

그리고 그들이 가지고 있는 보물들을 올렸다. 밀라래빠께서는
"보석과 장신구는 필요치 않다." 물리치고 자신의 이력을 낱낱이
설명하였다. 이에 감명한 숙녀들은 시녀 제자들로 받아달라고 간
청하였다. 밀라래빠는 "그대들은 부유한 가문에 태어나 요염한
소녀들이라 우리 같은 고행을 감당할 수 없다." 거절하고 다음과
같이 노래 불렀다.

나는 은둔의 고행자
윤회세계의 욕망을 버리고
수행하였는데

과연 나를 따라 고행할 수 있겠는가?

소녀들이 말했다.
"저희들은 비록 비천한 여인으로 태어났지만 장식(藏識)의 입장에서 보면 남자와 여자가 구별이 없습니다. 마군의 소굴을 벗어나 은둔처에 영원히 머물게 하옵소서."

밀라래빠는 그들이 인연 있는 제자들임을 알고 다섯 개의 호수 곁에 살고 있는 제자들과 함께 그들을 입문시켰다. 그리고 내부열을 일으키는 방법을 가르쳐 주고 황홀을 체험케 하였다.
그런데 그 가운데 래충마가 병이 들었다. 그래서 다른 장소로 옮기라 하였으나 죽어도 가지 않겠다 하자 딴뜨라 행법을 별도로 가르쳐 다른 제자들을 가르치는 선구자가 되도록 하였다. 그 후 그는 다른 여제자들과 함께 쎄모도에 가서 8년 동안 철저한 침묵수행을 하다가 살아서 다끼니 천녀들의 정토로 갔다.

밀라래빠가 네팔과 티베트의 경계에 있는 니샹구르따산 까다야 동굴에 은둔하고 있을 때 멀리서 개짖는 소리가 들려왔다.
먼저는 유동삼매(流動三昧)에 들었다가 자비삼매(慈悲三昧)로 바꾸었을 때 얼룩무늬 검은 사슴 한 마리가 헐떡거리고 뛰어와 쓰러졌다. 불쌍한 생각이 들어 법문을 일러주었다.

전생에 업이 지중하여
검정무늬 옷을 입은 사슴이여,
마음과 몸을 모두 잊어버리면

어두움과 미망에서 벗어나리라.

사슴은 눈물을 흘리며 밀라래빠 품 안으로 파고들었다. 그때 붉은색의 암캐 한 마리가 혀를 빼물고 나타나 사슴과 성자를 번갈아가며 노려보았다. 밀라래빠는 그 개를 바라보고 노래불렀다.

늑대처럼 사나운 암캐여
가슴에 증오와 사악한 생각 거두고
나의 곁에 온전히 쉬라.
내 마땅히 너에게 마하무드라의 수행을 가르쳐주리라.

개는 그 무서운 발톱을 감추고 엎드려 절한 뒤 사슴의 반대쪽에 편히 앉았다.
개의 주인 사냥꾼이 손에 활을 겨누고 밀라래빠 앞에 나타나 혹독하게 나무랐다.
"온갖 마술로 남의 생업을 방해하는 간악한 밀라래빠여. 나의 독살을 받으라."
하고 숨돌릴 틈도 없이 밀라래빠를 향해 활을 쏘았다. 그런데 그 화살은 공중으로 날아가 밀라래빠는 꼼짝도 하지 않고 있었다.
다시 또 살을 겨누며 흥분하고 있을 때 밀라래빠가 말했다.
"사냥꾼이여, 그렇게 서둘 필요가 없다. 시간은 얼마든지 있으니 우선 나의 노래부터 들으라."
하고 다음과 같이 노래를 불렀다.

인간의 몸은 소중하여 보석과 같다.

그러나 그대에게는 파리목숨
죽이고 또 죽이고 또 죽여도
죽이는 것은 끝이 없고
배고픔은 날로 더하게 되나니
늙고 병들면 도리어
그대의 몸이 염라대왕의 밥이 되기를 그렇게 되리라.

사냥꾼은 밀라래빠의 노래 소리가 자기의 가슴을 정면으로 찌르는 것과 같아 눈물을 흘리며 참회하고 활과 화살을 모두 밀라래빠에게 바친 뒤 그의 제자가 되었다. 그의 이름은 밀라래빠의 마음의 아들 치라래빠이다.

20. 네팔 왕과 링마 여신

  밀라래빠가 뙨 지방의 니샹의 리까따야 동굴에 있을 때 유동삼매에 들어 있었는데 지나가던 사냥꾼들이 보고 귀신인지 사람인지 알 수 없어 독화살을 쏘았으나 빗나갔다. 가까이 가서 강물에 던지려 하였으나 조금도 움직이지 않았고 불로 태웠어도 불이 붙지 않았다. 그들은 마침내 그가 깔고 앉아있는 방석을 들어 깎아지른 낭떠러지에 던졌으나 소용돌이치는 급류아래 연꽃처럼 흘러 가다가 다시 솟아올라 본 자리로 돌아왔다.

  사냥꾼들은 너무도 당황하여 도망쳤는데 그 소문이 삽시간에 퍼져 네팔왕 예랑 코콤 국왕이 듣고 성모 여신의 명령을 따라 까시까옷감과 만병통치약 아루라를 보냈다. 그리고 가능하면 그 분을 왕궁으로 모셔 오라 하였다.
  티베트어에 정통한 사신이 가서 바쳤다. 그리고 임금님의 소청을 말씀드렸으나
  "나는 우주의 왕이다. 어찌 청정한 수행자가 속가에 나가겠느냐."
  하시면서 "나라에 감사할 뿐 내려가지 않겠다."고 하였다.

  밀라래빠는 한때 네팔의 국경지대 로따한 강이 흐르는 아름다운 약초 골짜기에 머물고 있었다.

임진년 여름 첫째 달 초팔일 한밤중에 밀라래빠는 유동삼매에 들어 있었는데 열여덟 명의 대악마가 마군들을 이끌고 몰려와 그의 수행을 방해하였다.

특히 그 가운데 다섯 마녀들이 갖가지 모습을 하고 나타나 명상을 방해하였다. 밀라래빠는 여러 부처님들과 다끼니들께 도움을 청했으나 소용이 없었다. 마군들은 더욱 모욕적이고 위협적인 언사를 써가면서 방해하였다.

그러나 밀라래빠는 "이 세상 모든 것은 생각의 화현 이외에 아무것도 없다."는 확신을 가지고 노래불렀다.

5온은 덧없는 것
미망이요 죽은 것이니
때가 되면 버려야 할 것이니
원하는 자는 가져가라
이 덕행으로 무시(無始)의 악업을 청소할 수만 있다면
밀라래빠는 행복하게 생각하리라.

그때 다섯 명의 신들이 말했다.

"장합니다. 5온에 대한 집착을 버린 성자시여. 우리들은 당신을 해치려고 온 것이 아니라 당신의 깨달음을 시험코자 온 것입니다."

계사년 여름 달 열 하룻날 밤 다섯 명의 매혹적이고 사랑스런 아가씨들이 찾아와

"저희들은 야생들소 젖으로 만든 요구르트를 드리려고 찾아왔

습니다.”

하고 청옥으로 만든 큰 숟가락에 요구르트를 가득 담아 바쳤다. 그리고 밀라래빠의 왼편에 앉아 말했다.

“선생님. 선생님께서는 저희 다섯 명을 심장 속에 고이 간직하고 깨달음의 서원을 허락해주소서.”

“그대들은 누군가.”

“저희들은 세속의 마녀, 아지다라따 가문에 속합니다. 묘지를 방황하며 떠돌아다니는 다끼니들입니다.”

“우리들은 혼탁한 세상에 살고 있다. 부패와 악이 만연하고 사람들이 탐욕과 온갖 종류의 번뇌에 젖어 있습니다.”

“그렇습니다 스승님. 저희들은 일찍부터 씽하라 화장터 사자모양을 한 수호신 따마라리최마와 뚬모괴쌍마 비나베짜르에게 법문을 듣고 보리심을 얻어 진리의 수호자로써 일해 왔습니다. 그러나 그것은 선과 덕을 쌓는 일, 이제 깨달음의 마음을 일깨우기 위해 왔습니다.”

“그렇다면 정성과 열망으로 의식을 행하기로 하자.”

큰언니 장수귀녀 차시쩨링마는 자손을 많이 낳고 보호하는 신통을 바치고, 청안귀녀 띵기세쌍마는 거울로 예언하는 신통을 보였으며, 세 번째 왕관녀 쬐빤지쌍마는 창고의 보물을 가득 채우는 신통을 보이고, 네 번째 천상귀녀 미요롱쌍마는 식량과 재산을 모으는 신통을 보이고, 다섯 번째 덕행귀녀 때까존쌍마는 가축을 번식케 하는 신통을 보였다.

밀라래빠는 이들에게 차례로 계율과 깨달음의 마음을 일깨우는 서원과 수행을 베풀었다. 천녀들은 기뻐하며 감사하고 밀라래빠의 곁을 떠났다.

그달 말 예전에 찾아왔던 여덟 명의 8방 신장이 시종들과 함께 찾아와 간청하였다.

"저희들에게 3세 부처님의 지고한 깨달음과 도의 정수를 들려주소서."

"모든 중생은 본성을 가졌다. 그러나 아상과 습관 속에 어두움을 보이고 있다. 미련한 사람들을 가르치기 위해 인과 인연을 말했지만 지고한 세계에는 부처님도 존재하지 않는단다. 그러나 그것은 부처님의 가르침, 이 가르침을 듣고 수행하지 않으면 도는 체득할 수 없느니라."

"오, 스승이시여, 딴뜨라의 가르침은 진실로 풍부합니다. 이제 모든 것들을 사랑하고 보호할지언정 저주하지 않겠습니다."

그리고 그들은 밀라래빠에게 예배한 뒤 구름처럼 사라졌다.

21. 전염병을 치료하고 여신에게
무드라를 가르치다

갑오년 가을 스물 네 번째 별자리가 기울던 때, 딩마진 사람들은 희고 검은 부스럼이 생기고 피를 토하고 열이 심한 전염병에 걸려 죽고 가축 또한 죽어갔다.

그 해 가을 두 번째 주 열 하루 날, 오후 늦게 석양이 불덩이처럼 타오를 때 한 천녀가 찾아왔다.

"스승이시여, 저희 주민들은 무서운 전염병에 걸려 다 죽어가고 있습니다. 도와주소서."

"내일 떠나는게 좋겠다. 오늘밤은 여기서 나와 같이 자고 가자."

"아닙니다. 시간이 없습니다. 만약 짜리 딴뜨라에 힘입는다면 광선길을 이용하여 쉽게 갈 수 있습니다."

하고 소녀는 모피 담요를 공중에 띄우고

"여기 올라타세요. 그리하면 곧장 갈 수 있습니다."

하였다.

밀라래빠가 담요 위에 오르니 담요는 곧장 설산 언덕에 도착하였다. 왼쪽 경사면에 황금덮개를 한 새하얀 천막이 있어 들어가니 아리따운 소녀가 여러 겹의 이불에 싸여 있으면서 간청하였다.

"저는 매우 아픕니다. 살려주세요."

"언제 이 병에 걸렸는가?"

"지난 여름 양치기들이 낸 불에서 연기를 쏘이면서부터 입니다. 저희들의 입을 통해 나간 공기 때문에 많은 사람들이 전염되어 죽어가고 있습니다."

"그대는 얼마 전 나에게 와서 보살도의 서원을 받치고 수호불의 가르침을 받은 바 있지 않느냐."

"예. 그러하오나 저는 그것을 실천하지 못했습니다."

"그러면 이제라도 다시 맹세하고 모든 중생들을 구제할 것을 발원하라."

소녀가 발원하자 밀라래빠는 일백진언을 외워 즉시 그 몸이 쾌차되도록 하였다. 이어서 그들 모든 주민들의 전염병이 모두 치유되게 하였다.

정유년 어느 날 초하룻날 밤 밀라래빠가 머물고 있던 추와르의 은둔처에 위대한 광명이 쏟아졌다. 장수의 귀녀가 그의 권속들과 함께 공양을 올리러 온 것이다.

"미소 금강, 위대한 수도자 밀라래빠시여, 저희들은 여성의 네 상징인 연꽃과 소라 징표 코끼리를 가지고 있습니다. 까르마 무드라(성 에너지 승화행)와 내림(下降), 잡음(保存), 돌림(逆轉), 펼침(展)도 다 알고 있습니다."

"그래, 수명이 길고 능력이 큰 것은 자비심의 보답이고, 부와 재물 풍부한 것은 자선의 보답이며, 시종들이 충실하고 풍부함은 인내심의 보답이다. 화려한 용모와 연꽃은 기쁨의 상징이고, 소

라는 에너지 통로, 깊은 징표는 낭비를 예방하고 코끼리는 본질
을 깨닫게 한다.

　장수귀녀의 지혜 연꽃 속에는 에(e), 브함(Bham)이 들어있고
남성 보옥 훔(Hum)을 닮았다. 이것이 빠드(Pad, 女根)와 결합할
때 띠레(정기)는 안정된다. 띠레는 거북이처럼 천천히 아래로 중
앙 에너지 통로를 잡고 추적하는 짐승처럼 머리를 돌려 전신에
펴질 때 해탈하나니, 띠(Thig)는 열반의 도, 레(Le)는 평등, 라
(Las)는 다양한 행위와 유희, 찌(Kyi)는 공성의 교합, 차(Phyag)
는 서로의 잡음, 갸(Rgya)는 윤회의 포옹, 이것의 합일이 재빠른
길, 지복이 충만하고 투명한 공의 절정이며, 무분별의 다르마까
야, 완전한 쌈보가까야, 니르마나까야로 현현공(顯現空)으로 나아
가는 길이니, 하나 속에 둘, 지락(至樂), 무념(無念)의 길이고 선
녀의 도움을 받는 길이네.”

　그래서 그 곳에서는 다르마의 무드라가 행해졌고 장수의 귀녀,
째링마와 라치설산의 조맨쑤레마, 링와작의 맨모, 네팔의 쪼맨
마, 윌모 설산의 시닭모는 밀라래빠에게 몸과 말과 뜻을 다바쳐
그를 기쁘게 하고 온갖 음식과 음료를 제공하였다.

21. 따곰레빠도제왕축과 다르마보디

　밀라래빠가 딩마진의 렉빠두짼 동굴에 머물면서 제자와 신도들에게 가르침을 베풀고 있었다. 그때 한 젊은 청년이 "세상의 고통을 생각하면 잠시도 쉴 틈이 없으니 시자로 써달라."고 간청하였다. 이에 밀라래빠는 '여섯 가지 속임수'와 여섯 가지 수승함을 노래했다.

　　사원은 속 빈 뗏목의 집합소
　　마음속에 평화를 간직코자 하는 자는
　　뜬 소문과 비난에 관심을 갖지 않는다.
　　생명열이 타오르면 양모옷이 소용없고
　　세상사가 싫어지면 재물도 가치없고
　　인내 정진 일어나면 자녀 제자 중요하지 않고
　　심오한 수행자는 진리를 가르치는 일도 잊어버린다.

　　스승과 부처님 자비심 훌륭하고
　　수호불과 신들의 은총 훌륭하고
　　진리의 수호신과 그 능력 훌륭하고
　　입과 입을 통한 가르침 훌륭하고

밀라래빠의 인내심 훌륭하고
그 제자들의 신심 훌륭하다.

그래서
인적 드문 장소에서 수도하면 즐겁고
스승 가르침 명상하면 즐겁고
견고한 방석 위 앉는 것 즐겁고
홀로 동굴에 머무는 것 즐겁고
굶주림과 추위에서 벗어남 즐겁고
쿠콜동작 수행함 즐겁다.

그리고 밀라래빠는 "낮에는 사람 모아 교화하고 밤에는 다끼니
도 모여 즐겁고 아침저녁 음식과 외부 영혼의 깨달음 모여 즐거
우며, 바깥 세계와 하나되는 것 즐겁다."하고 락마의 보리행과
붉은 바위 보석골에서 독수리를 지키고 하늘도 바라보고 묀 지방
의 호랑이굴, 사자굴 까따야 수정굴의 질경이, 백마의 이빨 동굴
의 중심을 지킨 일을 상기시켰다.
그리고 "마하무드라의 정견과 나로빠의 6법, 방편행, 3신의 열
매, 까귀빠의 은총, 밀라래빠의 가르침이 탁월하다." 하였다.

한때 밀라래빠가 래충빠와 함께 냐낭짜마르의 복부형 동굴에
있을 때 다섯 사람의 성자들이 있었으니 라뙤의 쩸첸사와 딩리의
담바쌍게, 네팔의 시라바로, 인도의 다르마보디, 그리고 냐낭짜
마르의 밀라래빠였다.
어느 때 시라바로가 빼보종 동굴로 다르마보디를 초청하여 진

리를 설하게 되었는데 네팔인과 티베트사람들이 함께 참석하였다.

래충빠가 함께 가기를 희망하자 '너희들이 먼저 가라.' 해놓고 제자들이 빼보종 동굴에 이르니 갑자기 하늘에서 밀라래빠가 유성처럼 떨어졌다. 인도의 다르마보디가 내려와 인사하고 그 위대함을 칭찬하자

"다섯 가지 뒤틀린 경락은 쁘라나(氣)로써 펼치고, 다섯 가지 휘말린 기는 조화행(調和行)으로 바르게 하고, 다섯 가지 오염된 원소를 불태워 다섯 가지 욕망의 줄기를 잘라내면 척추 중앙 통로에서 방황하는 잡념의 황량한 짜르마 바람 고요해진다."

하고 번뇌와 부조화를 정복하는 방법과 수도자의 내적 체험을 들려주었다. 이에 감탄한 다르마보디는 밀라래빠를 크게 칭찬하고 헤어졌으니 해와 달이 함께 모인 것 같았다.

22. 악의의 학승들과 인도여행

밀라래빠가 냐냥짜마르 수도원에 있을 때 여러 학승들이 그를 외도라 비방하였다. 어느 해 큰 흉년이 들어 냐냥짜마르 사람들이 씨앗을 구하기 위하여 학승들을 찾아가니

"우리들은 천도식을 하고 얻은 예물이 없으니 그러한 예물을 받은 사람들에게 찾아가 보라."

하여 걱정이 된 사람들은 자신들이 이름난 수도승만 찾아다니며 기복했던 것을 뉘우치고 수도원과 의논하여 화해의 잔치를 벌이기로 로쀤겐된붐과 라쀤다르마로죄에게 맡겼다.

이에 학승들이 건의하였다.

"밀라래빠를 이 곳에서 쫓아내야 한다. 그렇지 않으면 우리들은 신도들을 모을 수 없다."

그러나 이유없이 수행자를 몰아내면 체면상 될 일이 아니므로 산스크리트와 논리학 철학에 밝은 세 학자를 추천하여 논전을 벌려 쫓아내도록 하였다.

세 사람이 밀라래빠에게 가자 시자 래충빠가 보고 별로 반기지 않았으나 스승께서 모시도록 하라하여 안내하였다.

밀라래빠가 말하였다.

"신념의 힘은 바위를 깨고 땅을 가르고 물을 나눌 수 있다."

"좋습니다. 저희들은 공덕의 상징인 3의를 입고 3학을 수행하였으니 한 번 겨루어 봅시다."

"구도자는 수호불의 생기형과 나디와 쁘라나의 빈두행, 그리고 마하무드라로 생활합니다."

"손발 없는 사람은 산에 오르지 못하듯, 지식없는 불자는 결코 해탈할 수 없습니다. 생기형은 어떻게 하였습니까?"

"텅 빈 육체를 바라보며 자성을 관한다."

"그러면 빈두행은 어떻게 하였습니까?"

"세 가지 에너지 통로와 네 가지 에너지 중추를 명상한다."

"마하무드라는 어떻게 수행합니까?"

"본래의 상태에서 편안히 쉰다."

"당신은 혀로만 노래하는 것 아닌가?"

"내 말은 내면의 탐구에서 얻어진 결과다. 이 세상 모든 것은 마음의 표현 아닌 것이 없다."

이 말을 들은 세 학자는 참회하고 물러가면서 용서를 빌었다.

밀라래빠는 그들을 입문시키고 심오한 교의를 베풀었다. 냐낭 마을의 사람들은 밀라래빠와 세 학승을 초대하여 큰 잔치를 베풀었다. 이에 흥분한 로뙨과 다로가 "이(虱)보다도 못한 배신자들"이라 꾸짖고 밀라래빠에게 도전하였다.

"당신은 진리를 욕되게 하고 당신과 다른 사람도 해치고 있소."

"질투와 번뇌는 정견을 해친다. 그러니 바른 생각으로 도를 닦기 바란다."

이때 다로가 대들었다.

"우리는 진리의 용어로 질문했는데 당신은 바른 깨달음의 용어로 답하지 않았는가!"

하고 손에 쥐고 있던 흙을 밀라래빠에게 뿌렸다.

"진리는 행동이다. 자비의 종교를 하고 있다는 사람이 자기 뜻에 맞지 않는다고 상대방을 모욕하는 것은 올바른 행동이 아니다."

그때 래충빠가 지팡이를 들고 다로를 내려 치려하자 말렸다.

"재산은 궁핍할 때 쓰는 것이고 친척은 어려울 때 도와주는 것이다. 진리는 힘든 상황에서 유용한다."

래충빠는 간신히 마음을 가라앉히고 앉았다. 이 일이 있은 후로 시민들은 밀라래빠를 더욱 존중하게 되었고 학승들을 미워하게 되었다.

다음 날 치욕을 당한 다로와 로뛴이 밀라래빠에게 보복하기 위해 찾아왔다.

"전날의 잘못을 사과하러 왔습니다."

래충빠가 나서서 말했다.

"사과할 필요도 없고 더 이상 논쟁할 필요도 없다."

그러나 다른 제자들이 밀라래빠에게 이야기하여 밀라래빠는 학자들과 서로 마주보고 앉았다.

학자들이 고기를 바치며 말했다.

"어제의 실수를 참회하는 뜻에서 살코기 몇근을 가지고 왔습니다. 깨달음의 용어로써 다시 한 번 논전해 봅시다."

"진리는 자만 속에 나타나는 것이 아니다. 잘못하면 영원히 윤회의 세계를 벗어나기 어렵다."

"오로지 부처님만이 아상 인상이 없어졌습니다."

"그렇다면 내가 질문하겠다."
하고 물었다.
"공간은 막혀 있는가, 터져 있는가?"
"터져 있습니다."
"그렇다면 움직이는 것에 큰 장애가 없으리라."
하고 곧 "응고삼매"에 드니 사람들이 꼼짝달싹 못했다.
"어떤가?"
"입조차 뗄 수 없습니다."
"바위는 비어 있는가, 굳어 있는가?"
"굳어 있습니다."
밀라래빠가 그때 "공간을 텅 빈 삼매"에 들자 사람들은 바위 위에서나 아래서 마음대로 뛰어다녔다. 밀라래빠가 물었다.
"걸림이 있는가 없는가?"
"걸림이 없습니다. 그러나 이것은 당신의 흑마술이라 정법이 아닙니다."

로뙨이 물었다.
"선생님께서는 6바라밀을 어떻게 수행하십니까?"

구두쇠 허물을 벗지 않으면 보시할 수 없고
위선과 가식은 계율이 아니다.
사특한 험담은 인욕이 아니고
무관심과 타성은 정진이 아니고
산란한 생각은 선정이 아니며
만물을 유익하게 하지 못하면 지혜인이 아니다.

금지와 허용을 모르면 학식이 아니고
취함과 버림을 모르면 인과법이 아니다.

다로가 물었다.
"그러면 10바라밀은 어떻습니까?"

무아의 언덕에 이른 것이 보시이고
내가 사는 저 언덕에 지계가 있다.
헌신은 정진이고
현전(現前)이 선정이고
절대의 실제가 지혜이고
일체의 원만이 방편이고
악마의 정복이 힘(力)이고
자리이타가 원이고
번뇌가 다하면 지혜바라밀이다.

로뙨은 이 말을 듣고
"선생님의 지견은 지고합니다."
긍정하고 참회하였다. 다로는 끝까지
"논리학으로 증명하자."
하였다. 밀라래빠가 말했다.
"그대의 몸과 마음은 악마에 사로잡혀 있기 때문에 어떤 논지
에도 상대를 긍정할 기미가 없다. 그 같은 마음으로 논전에 응한
다면 무자비의 국물로 혀와 입천장을 디게 될 것이다."

그때 로뛴이 흰 천을 머리에 뒤집어쓰고 웃자 다로는 머리를 앞뒤로 흔들며 한바탕 호탕하게 웃었다.

"나의 논리를 교정해 주어서 고맙소. 그러나 당신은 내 배설물의 앞뒤도 분간 못하는 사람이오."

"모든 중생의 빈 마음은 투명하다. 마음은 열반의 영화에도 윤회의 오욕에도 영향받지 않는다."

"당신은 듣기 좋은 말씀만 하시는군요. 내가 이미 악마라면 왜나를 몰아내지 못합니까?"

밀라래빠는 다로가 가지고 있는 귀중품이 다른 사람의 손아귀에 들게 하고 물었다.

"그대가 가장 소중히 여기는 것이 지금 다른 사람의 손 안에 있는 걸 아는가?"

다로의 얼굴이 붉어지는 순간 대중 가운데 한 소녀의 손 안에 다로의 팔찌가 끼어져 있었다. 이렇게 하여 대학자가 한 동네 처녀와 사통한 사실이 드러나자 그는 꿀먹은 벙어리마냥 말이 없이 앉았다가 도망쳐버렸다.

그때 로뛴은
"오늘은 그만 하자."
선언하고
"내일 다시 오겠다."
한 뒤 자리를 떴다. 그런데 그는 집에 가서 우유를 해골바가지 잔에 가득 붓고 발우에는 피를 가득 채운 뒤 이튿날 밀라래빠에게 가지고 갔다. 밀라래빠가 자비심으로 말했다.

"친애하는 학자여, 자신을 욕되게 하고 진리를 더럽히는 일을 하지 말라."

비로소 로뙨은 발 아래 예배하고 참회하였다. 그러나 다로는 끝까지 반항하다가 죽은 뒤에 악도에 떨어졌다.

이 인연으로 밀라래빠의 마음의 아들 래충빠는 인도에 들어가 학문적인 공부를 배워올 것을 간청하였다. 밀라래빠는 처음에는 반대하였으나 워낙 그 의지가 강하여 꺾지 않고 다섯 명의 스님과 함께 가도록 모든 준비를 다 해주었다. 길을 인도하는 사람은 찌뙨이라 불리는 닝마빠종의 라마승이었다. 그들은 네팔에 들어가 코콤 국왕에게 여행허가를 받고 인도에 들어가 띠푸빠를 만나 그가 원하는 모든 공부를 다 마치고 돌아왔다.

23. 메곰래빠의 깨달음과 싸레외래마

밀라래빠가 복부형 동굴에 있을 때 메족의 상인이 찾아와 그가 가진 모든 것을 보시하고 귀의하자 이름을 메곰이라 일러주었다.

그는 놀라울 만큼 수도의 공덕이 나타나 정견과 수행, 정행 그리고 하나 속에서의 둘인 진리교의(眞理敎義)를 단번에 체득하였다. 입문식이 있은 뒤 메곰은 이를 축하하려고 연회를 준비하고 있었는데 지곰래빠가 물었다.

"자네는 진실로 진리를 이해하였는가. 그리고 내적 체험을 통해 각성하였는가?"

"어떤 선법도 악법도 나의 깨달음을 뒤집어 놓을 수 없다. 오로지 스승의 가르침을 순종하고 은둔생활 할 것을 결심했다."

밀라래빠가 듣고 칭찬하였다.

"스승과 제자는 믿음으로써 형성된다. 그러나 이것은 말로 되는 것이 아니니 깊이 명상하여 체험하여야 한다."

그리하여 메곰은 잔치를 마치고 명상처에 이르러 밀라래빠의 친밀한 아들 가운데 한 사람이 되었다. 그는 공부를 마친 다음 뛰어난 근기를 가진 제자들을 돕는데 헌신하였다.

밀라래빠가 보시를 구하기 위하여 고깡 지방에 나갔다가 낙챠

르로 가는 도중 15, 6세 되어 보이는 아리따운 소녀를 보았다. 물동이를 이고 가는 소녀에게 말했다.

"오늘 저녁 나에게 음식을 베풀어줄 수 있겠느냐?"

"길가에서 살고 있는 저희들이 거지들에게 낱낱이 음식을 대접하려면 종일토록 준비해도 모자랍니다."

그런데 그날 밤 소녀는 상서로운 꿈을 꾸었다. 이상하여 밖에 나가보니 밀라래빠가 마을에 있었다. 그는 급히 준비해 가지고 간 음식을 드리고 물었다.

"당신은 밀라래빠가 아니십니까?"

"그렇다."

"황송합니다. 제가 어제저녁에 꿈을 꾸니 갑자기 해와 달이 우리 집에 있는데 그리 밝지 못했습니다. 그런데 그때 또 하나의 해와 달이 동방에서 솟아올라 두 해와 달이 합쳐짐으로써 저희 집과 하늘과 땅이 모두 빛나는 것을 보았습니다. 저를 시녀로써 받아주시겠습니까?"

하고 다음과 같이 노래하였다.

세상 삶은 풀잎에 이슬
친구와 친척들도 거래하는 상인
돈벌이 힘겨운 일 꿀따는 일벌
소란스런 도시는 악의 소굴
낮에는 이 생각 때문에 괴롭고
밤에는 저 생각 때문에 잠 못 잡니다.

전생에 선근으로 사람 몸 받았으나

과거는 압박이고 현재는 구속
그렁저렁 순간마다 죽음이 닥쳐오니
생각하면 제 마음 슬퍼집니다.

"그래도 네 나이 너무 어려 고행하기는 어려운데."

"세속의 쾌락과 기쁨은 관심없습니다. 생사윤회에 이젠 그만
지쳤으니 저의 심정 헤아려 주십시오."

"네가 그런 생각을 갖는다면 너는 이미 진리의 문에 들어온 것
이니 의식을 행하자."

하고 세속의 여자신도가 지켜야할 청신녀 계율을 일러주고 은
밀히 딴뜨라 교단에 입문시켰다. 그 분이 바로 저 유명한 싸레외
래마다. 그는 뒤에 냐낭마을 냥율산에 들어가 수도하고 많은 사
람들에게 이익을 주었다.

24. 야크 뿔 이야기와 래충빠의 참회

밀라래빠는 뛰어난 싸레외라마를 도운 뒤 인도에서 돌아온 래충빠를 맞아주려고 빼쿠 평원으로 가다가 베쩨되완종 궁탕에서 오는 래충빠를 만났다. 밀라래빠는 천안으로 래충빠가 자만병(自慢病)에 걸려 있다는 것을 알았다. 래충빠가 생각하였다.

"나는 인도를 두 번씩이나 다녀와 불교학에 정통했다. 스승님의 은덕이기도 하지만 스승님은 불교에 대해서만은 나에게 배워야할 것이다."

하고 스승님께 예배드린 뒤 인도에서 띠푸빠가 준 향목과 지팡이를 전했다. 그러나 그의 속마음을 안 밀라래빠는 답례를 하지 않았다. 래충빠가 문안하자 단지 장애로부터 해탈한 시부터 외웠다.

"밀라래빠는 건강하고 행복하고 즐겁고 만족하다. 래빠의 형제들도 모두가 평안하다. 그대는 인도에 가서 무사히 돌아왔느냐. 여행길에 피곤하지 않고. 맑은 심성 새로워졌으며 노래 음성 적합하느냐. 스승따라 원하는 대로 배우고 많은 지식 쌓되 자만심, 이익심 사라졌느냐?"

"험난한 여행길 고통으로 꽉 찼지만 위대한 스승 띠푸빠와 여사 마기를 만나 놀라운 수호불을 보고 다끼니 예언가들의 실현도

목격했습니다. 열망하던 교의는 지혜의 등불이었고 쁘라나와 나디의 윤망(輪網)이었으며, 큰 거울은 평등 대법락이었고 진아 해탈의 마하무드라였습니다."

그리고 인도에서 구해온 경전들을 스승에게 바쳤다. 밀라래빠는 충고했다.

"자만커나 우쭐대지 말라. 무형의 다끼니 진리는 여신들이 지키나니 지나치게 크려고 하면 악인에게 살해당한다."

밀라래빠는 받은 경전과 아까루 지팡이를 들고 끝없는 벌판을 향해 달렸다. 래충빠가 뒤따르며 노래 불렀으나 숨이 차 어쩔 줄 모르다가 간신히 노래가 끝나니 멈추어 섰다.

"아버지와 아들 조화는 아름답다. 사람들과 조화는 훌륭한 공덕이다."

두 사람은 함께 길을 걸었다. 래충빠는 함께 길을 걸으며 생각하였다.

"우리 스승은 너무 가난하여 나의 외국유학을 축복해 줄 수 없구나. 차라리 세상에 나가 이 학문과 재주를 가지고 쾌락을 즐기는 것이 낫지 않을까!"

래충빠의 마음을 알아차린 밀라래빠는 길섶에 버려진 야크 뿔 하나를 가리키며 말했다.

"저것을 집어 가져라."

"이것이 무슨 소용이 있습니까?"

"작은 것은 탐심이 없으나 큰 것은 병통을 낳는다. 버려진 것은 유용하게 쓸데가 있느니라."

래충빠가 집지 않으니 밀라래빠가 몸소 야크 뿔을 집어 가졌다.

그들이 빼모빼탕 평원에 이르렀을 때 그때까지 청명한 날이 갑자기 캄캄해지면서 맹렬한 폭풍우가 휘몰아쳤다. 정신없이 스승도 생각하지 못하다가 비가 지나간 뒤 어디선가 스승의 소리가 나서 살펴보니 밀라래빠는 그 작은 야크 뿔속에 들어가 편안히 쉬고 있었다. 그러나 야크 뿔이 커진 것도 아니고 스승님이 작아진 것도 아니었다.

그도 그 안으로 들어가 보려 하였으나 손가락 하나도 집어넣을 수 없었다.

"그러면 스승님께서 우박을 쏟아지게 한 것인가?"

이렇게 의심하면서 스승님을 불렀다. 밀라래빠가 말했다.

"나는 처음부터 너의 마음을 알고 있다. 그래서 나는 너의 인도 여행을 반대한 것이다. 그러나 그대가 원하는대로 배우고 돌아 왔으니 기쁠 뿐이다."

"사랑스런 스승님. 저는 몹시 춥고 허기가 집니다. 저 장막있는 곳으로 가서 구걸하면 되겠습니까."

"아니다. 지금은 보시를 받을 때가 아니다."

"저는 당장 굶어죽겠는데요."

"그럼 저 집으로 가볼까."

"구걸하는 사람이 부자 ,가난한 집을 가리면 안됩니다. 저 집에서부터 시작합시다."

하고 다 찌그러져 가는 집으로 들어가니 험상궂게 생긴 노파가 핀잔을 했다.

"구도자가 욕심이 많구만. 식은 밥은 모두 다른 거지들에게 주어 없으니 다른 집으로 가보시오."

밀라래빠가 말했다.

"해가 지려하니 먹는 것은 그만 두고 하룻저녁 쉬어갈 수 있게 해주십시오."

"저 장막 옆에서 자시오."

그런데 한밤중에 장막 안에서 비명소리가 들렸다. 이튿날 아침 래충빠가 들어가 보니 어젯밤 그 노파가 전염병으로 죽어 있었다. 보석은 유목민들이 이미 훔쳐가 버렸고 남은 것은 버터 한 푸대와 먹다 남은 보릿가루 소량 뿐이었다. 밀라래빠가 말했다.

"래충빠야. 만사는 이렇게 무상한 것이다. 어젯밤에 노파 또한 마음으로 베풀고 죽었으면 오직이나 좋겠느냐. 래충빠가 음식을 챙겼다. 밀라래빠가 말했다.

"죽은 사람도 영혼이 있다. 은혜를 저버리면 안된다. 저 시체를 먼저 짊어져라."

래충빠는 혹 전염병에 걸리면 어떻게 할까 겁내며 시체를 들쳐업고 스승의 뒤를 따랐다. 늪지대에 이르러 시체를 내려놓고 밀라래빠가 시체 가슴에 지팡이를 꽂고 무상의 노래를 불렀다.

인생무상 가슴깊이 스며들면
생각과 행동 자연 진리와 일치하네.
부단히 죽음을 생각하면 악마는 정복되어
해탈의 걸림 없다네.

그래도 혼령이 법계에 유랑하자 두 사람이 힘을 모아 천도하고 그 남은 음식물을 가지고 두 사람은 베쩨되왼종 동굴로 들어갔다. 다소 마음이 안정되었으나 만통(慢痛)을 녹아내지는 못했다. 밀라래빠가 "띠셰와 라치설산으로 가야겠다."하니 래충빠가 말했다.

"저는 오랜 여행 가운데 몸이 지쳤습니다. 잠깐 쉬지 아니하면 수도도 힘들 것 같습니다."

"가슴 속에 불굴의 의지를 갖지 아니하면 어떤 환경에도 적응할 수 없다."

하고 여섯 가지 자족에 대해서 말했다.

육신은 수도원 중추는 생명낙원
마음은 스승 현상계는 경전
삼매는 자양분 생명열은 의상

그러나 래충빠는 스승의 옷을 부여잡고 노래불렀다.

수도원에선 휴식과 잠잘 곳을 제공하고
마음의 스승도 스승이 필요하고
경전에도 장애와 의혹이 생깁니다.
삼매의 음식에도 자양이 필요하고
생명의 의복에도 몸가릴 옷이 필요합니다.

밀라래빠가 말했다.

"믿음이 있으면 나를 따르고 그렇지 못하면 너는 항상 부족을 느끼리라. 그러나 네가 지금 깊은 산을 원치 않으니 뿐토에 가서 진리를 설하도록 하라."

그리하여 두 사람이 뿐토로 가다가 찌푸니마종 동굴에 이르러 래충빠에게 물을 길어오라 하였다. 그리고 자신은 불을 지폈다.

래충빠는 물을 길러가다가 야생 염소들이 새끼 낳는 광경을 구경하다가 몇 시간이 지났다. 기다리던 스승은 불피워 기도하고 인도에서 가져온 모든 경전들을 모조리 불태워 버렸다. 물을 길러 가지고 온 래충빠가 와서 미친 사람처럼 주저앉았다.

"이제 나는 모든 것이 끝났다. 인도 여행도 허사다."

하고 길을 떠나려 하자 밀라래빠가 말했다.

"신심을 저버릴 것까지는 없다. 네가 필요하다면 그것보다 더한 것을 보여주리라."

하고

"여기 보아라."

하는 순간 놀라운 일이 벌어졌다. 밀라래빠의 머리 위에는 역경사 마르빠가 일월보주의 연화좌에 앉아 수 없는 모음과 자음의 금가루를 섬광처럼 쏟아냈기 때문이다. 그러나 래충빠는 밀라래빠의 충고를 받아들이지 않았다. 크게 원망하는 마음으로 말없이 앉아 있었다. 래충빠가 말했다.

"여기 경이로운 것은 하나도 없습니다. 차라리 염소 떼를 구경하는 것만 같지 못합니다."

"그런 소리 하지 말라. 진리는 거짓이 없다."

"신통은 단지 아이들의 장난에 불과합니다."

그의 여러가지 신통을 보아도 무심하던 래충빠가 스승이 활개를 펴고 하늘로 날아 그 자취마저 없어져 버리자 후회하였다.

"경전 때문에 스승마저 잃게 되었구나. 이 어리석은 제자 살아서 무엇하랴."

하고 높은 낭떠러지에서 떨어졌다. 큰 바위에 몸이 부딪치려 하는 순간 스승의 그림자가 나타나 그를 이끌고 절벽 우묵한 동굴 바위 위에 앉게 하였다. 쳐다보니 스승은 두 화신 사이에 앉아 있었다. 너무도 감격하여 가슴에 앉기니 순간 그는 까무라쳤다. 눈을 떠보니 밀라래빠는 동굴 속에 앉아 있었다.

"부처님의 경지를 체험하려면 무형교의(無形敎義)를 깨달아야 한다."

비로소 래충빠는 마음을 안정하고 스승을 굳게 따를 것을 맹세하였다.

순간 수형 다끼니 교의와 중생들을 이익되게 할 경전들이 기적같이 래충빠의 손 안에 들어왔다. 래충빠는 그것을 보는 순간 다끼니 교의의 관점에서 논전을 할 수 있는 능력이 생겼다. 단지 정견과 수행에 관한 것이 다소 불충분하였는데 그것은 밀라래빠가 보충해 주었다.

25. 랜곰래빠와 법의 상속자 감뽀빠

　적암과 뽄토의 보시자들에 의하여 인도에서 돌아온 래충빠를 위해 연회가 베풀어졌다. 그런데 그때 밀라래빠는 뛰어난 제자 감뽀빠가 올 것을 예언하였다.

　그 후 추와르 마을 사람들이 밀라래빠를 초대하였다. 바로 그때 랜 부족의 훌륭한 수행자 랜곰래빠가 왔다.

　그는 오자 마자 지복의 무념삼매에 들었다. 그는 불변의 신심을 가지고 밀라래빠에게 말했다.

　"저는 닥뽀 출신의 수도자입니다. 여러 스승들로부터 대완성의 교의를 듣고 분별지 관행과 평등행에 대하여 수행하였습니다. 하지만 단순한 지견의 천박한 체험으로 만족할 수 없어 찾아왔습니다."

　밀라래빠가 물었다.

　"언어에 집착하여 교의를 놓치고 두 가지 지혜에 떨어져 지혜를 놓치지 않았는가. 2원론의 장애에 빠져 직관을 잃고 무분별의 선정에 들어 형상에 떨어지지 않았는가. 평등행을 닦다가 탐욕으로 길을 잃고 바깥에 있다가 내면의 열매를 놓치지 않았는가?"

　"말씀대로입니다. 어쩌면 저의 결점을 그렇게 잘 잡아내십니까?"

　"랜곰래빠여. 덕에 집착하지 말라. 그렇게 하면 윤회에서 영원

268　깨달음의 차례

히 벗어나리라."

그는 이 말씀을 듣고 도시로 가서 전도하려다가 은둔처에 이르러 수행하였다. 밀라래빠는 크게 기뻐하며 몇 가지 명심해야 할 일들을 일깨워 주었다.

아내와 자녀, 명예는 수도자를 넘보는 족쇄이고
돈과 오락, 허세는 수도자를 넘보는 장애며
친척과 보시, 제자들은 수도자를 넘보는 방해고
술과 피로, 수면은 수도자를 넘보는 도둑이고
잡담과 농담, 험담은 수도자를 넘보는 유혹이며
스승과 교의, 근면은 수도자를 넘보는 귀의처이고
은둔과 공덕, 선우는 수도자를 넘보는 지팡이고
무란(無亂)과 무념, 지복은 수도자를 넘보는 벗이고
이완(弛緩)과 무위자연은 수도자를 넘보는 속성이고
무욕과 무증(無憎)은 초월적인 수도자를 넘보는 성취이다.

"어떻게 하여야 괴로움을 버리고 즐거움을 얻겠습니까?"
이 또한 노래로 간단히 말씀해 주었다.

진리를 알면 즐겁고 잘못을 범하면 괴롭다.
자연에 머물면 즐겁고 애욕에 물들면 괴롭다.
법신을 깨달으면 즐겁고 욕망에 사로잡히면 괴롭다.
일심을 깨달으면 즐겁고 한탄하면 괴롭다.
깨달음에 머물면 즐겁고 욕망에 탐닉하면 괴롭다.
상에서 벗어나면 즐겁고 언어에 집착하면 괴롭다.

한 생각 놓아버리면 즐겁고 사량분별은 괴롭다.
근면하면 즐겁고 게으르면 괴롭다.
바른 견해를 즐기면 즐겁고 악행을 탐닉하면 괴롭다.
의혹을 버리면 즐겁고 아첨하면 괴롭다.

랜곰래빠는 법문을 듣고 마하무드라의 흔들림 없는 삼매를 얻어 환영의 세계를 더욱 깊이 인식하고 장차 닥뽀 린뽀체의 법형제가 되었다.

마르빠 스승은 일찍이 밀라래빠의 '네 기둥'에 대한 꿈 이야기를 하면서 금강미소인의 심장 제자가 찾아올 것을 예언하였다.
부처님도 대비연화경에서 말씀하였다.
"아난다야, 내가 열반한 뒤 북방에서 약사부처님이 탄생하리라."
과연 예언대로 티베트에서 닥뽀라제(닥뽀 출신의 의사)가 태어났으며 그는 모든 나라에 명성을 떨치고 마침내 10지 보살이 되었다.

감뽀빠는 티베트의 넬 지방 쩨빠 골짜기에서 태어났다. 그 가문은 니와 집안이었고 아버지는 위쪼가바르겔뽀라 부르는 의사였다. 아버지에게는 양라싸와 쌈댄괸마라는 두 아내가 있었다. 이들은 각각 한 명씩의 아들이 있었는데 감뽀빠는 형님이었다. 그때 감뽀빠의 이름은 뛴빠다마자로 불렀다. 아버지는 의사이면서도 훌륭한 상담자라 감보빠도 아버지의 교육을 받아 대화와 상담에 뛰어난 청년이 되었다.
15세 때 그는 이미 닝마빠종의 교의를 습득하고 그 가운데서도 쌍와닝뽀와 헤루까갤뽀의 기본 딴뜨라와 분노와 평화의 수호불 딴뜨라 그리고 대비 집망불 딴뜨라 등 구밀교의 교의를 통달하고 아버지로부터 8종의 의식을 통달하였다.

22세에 지방장관 다르마오의 누이동생과 결혼하여 아들 딸 한 명씩을 두었다. 그러나 당시 유행하던 흑사병에 의하여 아들 하나를 잃었다. 아들의 시체를 매장하고 돌아와서 보니 딸이 또 죽어 있었다. 딸의 시체를 묻고 나니 또 아내가 드러누웠다. 백방으로 약을 쓰고 기도를 하여도 병은 차도가 없고 빨리 죽지도 않았다. 감뽀빠가 물었다.

"이렇게 노력하여도 세상을 떠나지 못하는 것은 집착 때문이라 하였는데 당신은 무슨 집착을 가지고 있소."

아내가 말했다.

"당신에 대한 집착입니다. 내가 죽은 뒤에 또 다른 여자와 결혼하지 않고 도를 닦는다 약속하면 나는 눈을 감을 수 있을 것 같습니다."

"그렇다면 약속하지요."

"증인이 있어야 합니다."

그리하여 감뽀빠는 숙부인 뻬쇠를 증인으로 모셔 황금문자로 쓰여진 거룩한 경전을 자신의 머리 위에 올려놓고 맹세하였다.

"사랑하는 아내여, 나는 당신이 죽더라도 결코 재혼하지 않고 진리에 헌신하겠소."

아내는 기뻐하면서 눈물을 가득 머금고

"저 세상에서 당신이 어떻게 사는지 지켜보겠습니다."

하고 숨을 거두었다.

감뽀빠는 아내가 죽은 뒤 자신의 재산을 3분하였다. 한몫은 아내의 장례비용으로 쓰고 한 몫은 자선에 쓰고, 한 몫은 진리를 수행하는데 쓰기로 하였다. 감뽀빠는 아내의 시체를 화장하여 탑을 세운 뒤 그 뼈로 부처님을 조성하여 탑 속에 안치하였다. 이것이 세상에 알려져 조모최땐(안주인)이라 불려지게 되었고 지금도 넬 지방에 남아있다. 장례식을 치르고 집안 일을 정리하자 마음이 홀가분해졌다. 그래서 홀로 닌통 골짜기에 들어가 명상하였다. 삼촌은 조카를 불쌍히 생각하여 먹을 것을 가지고 수행처에 나아가 위로하였다.

"고생이 많지."

"아내가 떠나간 뒤로 너무도 평안합니다."

"뭐라고. 너의 아내처럼 착한 여인이 어디 있느냐. 그런데 그가 잘 죽었다고."

하며, 흙을 집어 감뽀빠의 얼굴에 뿌렸다. 감뽀빠가 말했다.

"나는 숙부님 앞에서 맹세한 대로 살고 있습니다. 진정하세요."

비로소 빼쇠는 진정하고 위로하였다.

"돌이켜 생각해보면 참으로 부끄러운 일이다. 그래, 재산은 내가 관리해 줄 터이니 안심하고 공부하여라."

그리하여 감뽀빠는 친척들에게 알리지 않고 펜 지방 뽀또르 수도원으로 가 뽀또르와린칭쎌을 만났다.

"제자가 되고 싶습니다."

"나에겐 돈이 없다. 이 세상에 남의 스승이 되는 자는 끊임없는 자비와 축복을 가지고 제자들에게 필요한 물품을 제공해야 하는데 나는 그런 능력이 없다."

그래서 그는 하는 수 없이 고향에 내려가 황금 열 다섯 냥을 가지고 팬에 있는 갸짝리 수도원으로 가 갸칠라마승에게 비구계를 받고 씌남리첸이란 법명을 받았다.

이때 감뽀빠는 학자 쌰빠링빠와 자둘와진빠로부터 도데겐(대승장엄경), 괸또겐(현관장엄론), 괸빠죄(구사론) 등을 공부하고 뙨지방 로댄세렙으로부터 계빠도제쌍뒤와 그밖의 딴뜨라의 교의를 배우고 입문식을 가졌다. 또한 학자 뉴롬빠와 갸작리빠로부터는 까담빠종의 여러가지 교의를 배웠다.

감뽀빠는 이제 가르침을 실행하기로 하고 갸짝리에서 명상하였다. 감뽀빠는 탁월한 지혜인으로 진리에 대한 신심이 컸다. 낮에는 불교 공부를 하고 밤에는 열심히 명상하였다. 그밖에도 순례의 오르는 일이거나 덕을 쌓는 일에 소홀하지 않았다.

그런데 하루는 명상 도중 한 넝마 도인이 자기의 머리에 손을 얹여놓고 침을 흘리는 것을 보았는데 그 뒤부터 명상이 더욱 뚜렷해졌다. 그런데 수행자들은 그 말을 듣고 이는 사마가 낀 것이니 부동의 백색 여신의 딴뜨라를 받고 백가지 또르마 성찬식을 올리라 하였다.

감뽀빠는 그들의 말을 듣고 성찬식을 올렸으나 그 뒤부터 녹색수도자는 더 자주 나타났다.

그때 밀라래빠는 작마뽄토의 태양 지복 동굴에 있으면서 래충도제작빠와 시와외래빠, 쎄완래빠, 갠종뙨빠 등 마음의 아들들과 진 마을의 보시자들을 위해 진리의 법륜을 굴리고 있었다. 그런데 그의 신도들과 제자들이 말했다.

"이제 스승님께서는 나이가 많으시니 뒷일을 생각하여 후계자를 정해 주십시오."

"좋다. 조금 기다리면 훌륭한 제자가 올 것이다. 내 오늘밤 그자가 어디 있는지 살펴 안내해 주겠다."

이튿날 아침 밀라래빠는 평소보다 일찍 일어나 제자들과 시주자들에게 말했다.

"진리로 충만한 법기가 곧 오리라. 그는 의사로써 계율을 잘 지키는 스님이다. 나의 가르침을 잘 받들어 유포하리라. 그가 어제밤 빈 수정 항아리를 들고 와 내가 그 속에 감로의 물을 가득 채워 주었으니 복된 일이 생길 것이다."

그런데 그 뒤 얼마 있다가 감뽀빠가 산책 나갔다가 수도원 문 앞에서 세 명의 거지가 주고받는 대화를 들었다.

"흉년이 들어 기근으로 사람들이 죽어가고 있는데 갸짝리 스님들이 신도들을 위해 진리를 베풀고 누구든지 관계없이 음식을 대접한다고 하는데 사실이오."

"그런 소리 말게. 설산의 밀라래빠는 엷은 무명옷 한 벌을 입고 눈속에서 살면서 자리를 옮길 때는 날아서 간다고 하는데 이젠 구걸도 지겹고 그런 성자나 한 번 만나보고 죽었으면 한이 없겠어."

하고 늙은 거지가 말했다.

감뽀빠는 밀라래빠라는 이름을 듣는 순간 자기도 모르게 가슴이 떨리고 눈물이 핑 돌았다. 그래서 그 분이 계신 곳을 향해 수없이 예배드리며 간구하였다. 이튿날 거지들에게 특별공양을 올리고 그 분이 계신 곳을 알려 달라고 하니 늙은 거지가 안내해 주기로 약속하였다.

감뽀빠는 환희심으로 커다란 놋쇠 나팔을 불고 큰북을 쳤다. 이튿날 아침 그 북소리를 들은 한 소녀가 해골잔에 우유를 가득 담아 주면서 "동물 세계뿐 아니라 육도세계가 모두 이 곳을 찾을 것입니다" 하고 사라졌다.

감뽀빠는 밀라래빠를 찾아 늙은 거지와 함께 길을 떠났다. 한 걸음 한 걸음 목마른 사람이 물을 갈구하는 마음으로 재촉하느라 음식을 제대로 취하지 못했다. 마침내 늙은이가 병들어 누웠다.

"정신이 아득하여 길을 구분할 수 없습니다."

감뽀빠는 홀로 종일토록 헤매다가 길거리에 앉아 우니 어디선가 소리가 났다.

"내가 길을 인도할테니 이리로 오라."

정신을 차려보니 한 무리 상인이었다.

"밀라래빠가 어디 계신 지 아십니까?"

"진의 추와르에 계십니다."

냐낭짜마르에서 온 다와 쌍뽀라는 상인이 일러주었다. 그 말을 듣고 감뽀빠는 바로 딩리로 향하였다. 넓은 평원 가운데 이르러 감뽀빠는 기진맥진 하였다.

잠시 휴식을 취하고 바위 끝에 걸터앉아 있다가 떨어져 기절하였다. 굶주림과 노독이 극도에 달했기 때문이다. 한 나절 동안 실신하였다가 겨우 깨어나 보니 머리부터 발끝까지 전신의 털이란 털은 하나도 남김없이 다 벗겨져 버렸다. 그러나 그는 고통조차 느끼지 않았다. 스승을 생각하는 마음이 너무도 간절하였기 때문이다. 이틀을 굶고 나니 꼭 죽을 것만 같아 맹세하였다.

"이 몸으로 뵙지 못한다면 다시 태어나서라도 뵙겠습니다."

마침 그때 자율에서 온 까담빠종의 스님이 지나가다가 감뽀빠를 발견하였다.

"어디로 가는 사람이오."

"나는 스승을 찾아갑니다."

"스승이 누구요?"

"밀라래빠입니다."

"나도 그쪽으로 가오. 우선 물을 드시오."

하고 물 한 그릇을 주어 정신을 차렸다.

밀라래빠는 지복 언덕에서 설법하다가 이따금씩 침묵을 하였다. 진 지방의 보시녀 제세가 여쭈었다.

"스승님께서 설법 도중 웃으시다가 다시 침묵하시고 하시는데 무슨 일이 있으십니까?"

"멀리서 오는 나의 아들이 이제 겨우 딩리에 도착하였기 때문이오. 그 놈이 어지럼증을 못이겨 바위에서 떨어졌소. 그래서 삼매로써 부축하고 웃음을 터뜨렸소."

"그는 언제 도착합니까?"

"내일 모래쯤 올거요."

"저희들도 만나볼 수 있겠네요."

"도착할 때 방석을 준비하는 사람은 삼매의 영양분으로 살아갈 수 있을 것이오. 그리고 쳐다만 보아도 모두 다 왕생극락할거요."

감뽀빠와 까담빠종의 스님이 시장터에 이르렀을 때 어떤 여인이 베를 짜고 있었다.

"명상자 밀라래빠께서 어디 계시는지 아십니까?"

"어디서 오십니까?"

"위 지역에서 옵니다."

"얼마나 시장하시겠습니까. 어서 저희 집으로 드십시오."

하고 물과 먹을 것을 내놓았다. 그리고 말했다.

"밀라래빠 스님께서 스님께서 오신다는 예언을 하셨고 저로 하여금 맨처음 맞을 것이라고 말씀하셨습니다."

"스승님께서 나를 인정해 주시다니."

그는 눈물을 흘렸지만 그 가운데 약간의 자만이 섞여 있었기 때문에 밀라래빠는 두 주일 동안 만나주지 않았다.

감뽀빠는 동굴에 머물면서 쎄완뙨빠의 도움을 받았다. 두 주일 뒤 보시녀는 감뽀빠를 데리고 밀라래빠를 만나러 갔다. 이때 밀라래빠는 신통력으로 래충빠와 시와외래빠를 변화시켜 누가 진짜 밀라래빠인지 알아볼 수 없게 하였다. 래충빠는 가운데 분이 진짜 밀라래빠라 일러주었다.

그러자 감뽀빠는 밀라래빠에게 전차(磚茶) 한 꾸러미와 만다라로 만든 황금 열 다섯 냥을 바치고 자신을 소개하였다. 그리고 그 동안 여행담을 들려주고 밀라래빠의 생애에 대하여 들려달라 간곡히 청하였다.

밀라래빠는 잠시 눈을 들어 엄숙하게 정면을 바라보다가 동전 한 닢을 들고 하늘 높이 던지며 "마르빠 스승에 바치나이다" 하였다.

순간 천상의 음악소리가 들리자 술이 가득 담긴 해골잔을 들어 절반을 쭈욱 들이켰다. 그리고 남은 술을 감뽀빠에게 권하였다.

감뽀빠가 계율을 생각하자 "그렇게 복잡하게 생각하지 말고 어서 받아 마시게." 하였다. 그래서 단숨에 받아 마셨다.

"그대 이름은 무엇인가?"

"쐬남린체(귀공덕)라 합니다."

"일체중생에게 귀한 공덕이 되리라. 아니 아들의 이름을 듣는 자는 누구든지 윤회에서 해탈되게 되리라."

그리고 다시 말했다.

"참으로 잘 왔네. 하지만 황금이나 차는 나에게 필요치 않네. 나의 스승은 마르빠이고 마르빠의 스승은 나르빠와 마이뜨리빠이시네. 그리고 내 아들은 래충빠, 시와외래빠이며 이들은 다 중생의 은둔처요, 피난처이네."

그때 감뽀빠가 친히 차를 끓여 스승에게 바쳤다.

"이것은 선생님께 존경의 상징입니다."

밀라래빠는 차를 받아 마시고 말했다.

"우리도 약사 스님에게 차를 대접해야겠다."

그래서 여러 스님들이 조금씩 차를 모아 끓이는데 밀라래빠가 와서 "양념을 쳐야 되지 않겠느냐" 하며 차단지에 오줌을 쌌다. 차맛은 한층 신묘하고 감미로웠다. 그때 까담빠 스님이 축복을 청했다. 밀라래빠가 말했다.

"내가 그대에게 축복하면 그대는 나에게 무엇을 주겠는가?"

"저는 가진 것이 아무것도 없습니다."

"몸에 황금을 지닌 사람이 아무것도 없다면 그대는 그 황금을 가지고 네팔이나 가는 것이 좋겠다."

이 말을 들은 사람들은 밀라래빠를 속일 사람은 누구도 없다
는 것을 알고 지존으로 섬겼다. 밀라래빠가 감뽀빠에게 물었다.
"너는 입문식을 받은 적이 있느냐?"
"있습니다."
"모래알로 참기름을 짤 수 있겠느냐?"
"없습니다."
"그렇다면 마음의 본질을 깨닫기 위해 내부열을 닦는 뚬모부터
하여야겠구나."
하고 밀라래빠는 주사로 만달라를 써서 법통의 상징으로 주고
핵심교의를 전수하였다. 먼저 종파에서 익힌 경전과 수행 정행에
다소 차이가 있으므로 밀라래빠는 까귀빠의 전통에 의한 딴뜨라
의 가르침을 들려주었다.

최상의 정견은 결단력에 달려있고
정견은 마음에서 찾아야 한다.
최상의 수행은 산란과 졸음을 허물로 보지 않는다.
최상의 정행에는 버리는 마음이 없다
최상의 계율은 느긋하게 안주함이고
최상의 성취는 심통(心通)이다.
최상의 스승은 그대의 마음이다.

감뽀빠는 첫 날부터 동굴에서 벌거벗고 수행하였다. 따뜻한 황
홀감이 내면에서 저절로 각성하다가 새벽녘 졸음에 빠졌지만 그

몸은 바위처럼 굳어져 있었다.

이렇게 일주일 하는 사이 내부열과 환희가 솟았다. 거기서 5방에서 5방불을 보았다.

이렇게 석 달을 하고 나니 3천대천 세계가 빙빙 돌아갔다. 현기증이 나서 몇 번이나 토하다가 기절하였다. 밀라래빠가 말했다.

"그것은 머리의 대지복(大至福) 짜르가에 있는 띠레(빈두)가 증가했기 때문이다."

어느 날 저녁 감뽀빠는 흑암지옥을 보았다. 그가 흑암지옥을 보는 순간 가슴은 충혈되고 내부열 쁘라나의 세찬 물결이 전신을 압도했다. 밀라래빠가 말했다.

"그것은 명상띠가 너무 짧아 생명에너지를 지나치게 죄었기 때문이다."

어느 날 감뽀빠는 전륜성왕과 6도세계의 모든 신들을 보았다. 지고한 천상신들은 낮은 세계를 위해 감로비를 뿌리고 있었다. 그들은 기뻐했으나 감뽀빠는 감로비를 마시는 순간 칼날에 맞아 죽는 것과 같았다. 밀라래빠가 말했다.

"그것은 좌우에너지 통로가 목의 중추에서 만나 증가했기 때문이다. 뛰어오르거나 구르는 운동을 하라."

그 뒤 한 달 동안 명상하는 가운데 온몸에 전율이 왔다. 물으니 "그것은 심장의 다르마 짜크라에서 빈두가 증가했기 때문이다" 하였다. 그 뒤부터는 음식이 필요치 않았다.

감뽀빠는 어느 날 해와 달을 보고 건너가다가 라후별을 보았다. 스승이 말했다.

그것은 로마와 깡마에 있는 생명에너지가 중앙통로로 들어갔기 때문이다."

하고

"거 참 훌륭한 독수리로다."

칭찬하였다. 감뽀빠는 그 후 한달 동안 열심히 수행하니 붉은 만다라가 그의 앞에 나타났다. 스승이 말했다.

"심장의 다르마 짜끄라에 있는 적색 빈두가 아래에서 올라와 안정되었기 때문이다."

또 얼마쯤 있다가 뎀촉루이빠의 해골 모양 만다라를 보았다. 스승이 말했다.

"그것은 배꼽 중추의 변형 짜끄라에서 빈두가 증가한 현상이다."

다시 열흘 동안 명상하니 어느날 밤 그의 몸이 하늘처럼 무한하게 커졌다. 그 속에 온갖 중생들이 가득차 있었다. 태풍이 휘몰아치는 듯 노호하는 소리가 났다. 새벽녘에 노래가 그쳤다. 밀라래빠가 말했다.

"이것은 업의 쁘라나로 말이암아 모든 빈두가 전신의 기맥(氣脈)으로 들어갔기 때문이다. 이제 업의 생명이 지혜 생명으로 바뀌게 될 것이다."

여기에 이르자 밀라래빠는 감뽀빠에게 뚬모 행법(내부 생명열)을 전수해주었다.

그런데 어느 날 온 골짜기가 연기로 꽉 차더니 어둠이 짙어지자 감뽀빠는 장님처럼 더듬거리며 스승에게 찾아갔다. 밀라래빠가 말했다.

"걱정할 게 없으니 조용히 명상하라."

하며 상체의 장애물을 정화시키는 방법을 가르쳤다. 순간 아침 햇살에 어둠이 가시듯이 검은 연기가 없어졌다.

그 후 어느 날 밤 감뽀빠는 전신의 살과 피가 녹고 뼈만 남아서 앙상하게 된 자신을 보았다. 스승에게 말했더니

"지나치게 애써 생명에너지가 긴장되었기 때문이다."

하였다. 그래서 조금 여유있게 생각을 가지니 곧 괜찮게 되었다. 이렇게 하여 수호불 행법은 저녁에 하고 새벽에는 생명에너지 행법을 한 뒤 아침에 잠깐 잤다.

이렇게 계속하다 보니 습관적 신념에는 관계없이 24시간 징조가 모두 꿈으로 나타났다. 너무 급해 옷도 입는 것을 잊어버리고 달려가니 스승은 베옷을 둘둘 말아 베고 잠이 들어 있었다.

"스승님 그만 일어나세요. 내 꿈을 해석해주세요. 꿈에 비단 모자를 쓰고 초록색 장화를 신고 비단옷을 입고 멋진 허리띠를 두르고 목도리를 쓰고 은행나무 지팡이를 짚고 감로수를 마시고 쌀 꾸러미를 들었는데 이것이 무슨 꿈입니까?"

"꿈은 꿈이다. 꿈에 얽매이지 말라. 머리의 모자는 낮은 견해를 초월한 것이고, 화려한 장화는 소승에서 대승으로 나아간 것이고, 비단 예복은 사마에 물들지 않는 것이고, 짠다르 지팡이는 스승을 만날 징조고, 해골바가지는 공(空)의 이치니라."

이튿날 시와외래바가

"저도 간밤에 태양이 떠오르는 꿈을 꾸었습니다."

하니 래충빠가 있다가

"나는 세 골짜기에서 큰 소리로 외치는 꿈을 꾸었습니다."

하였다. 이때 감뽀빠가

"저는 수 없는 사람을 죽이는 꿈을 꾸었습니다."

하니 밀라래빠는 세 사람의 손을 내놓으라 하여 자신의 손바닥 위에 올려놓고

"이제 그대들의 소망은 모두 이루어졌다. 많은 중생들의 소망을 이루고 구원하리라."

하였다.

또 감뽀빠는 그 뒤 한 달 동안 명상하다가 약사 7불을 친견하였는데 그때 그는 하루에 호흡을 한 번씩만 하였다. 하루는 호흡이 정지되더니 보신불 세계가 찬란하게 나타났다. 너무도 놀라 큰 숨을 내쉬니 해가 저물어 저녁이 되었다.

새벽녘에는 석가 외 1천불을 보았다. 스승에게 말하려 하니

"네가 말하지 않아도 나는 다 알고 있다. 아직 법신불을 보지 못했으니 열심히 정진하라. 지금까지의 장애는 내가 그대에게 일러주었지만 앞으로는 도움을 줄 수 없으니 천사 악마가 나타나더라도 네가 알아서 처리하여야 할 것이다. 동부의 감뽀따르 산으로 가라."

하였다. 그리고 말했다.

"감뽀빠는 감뽀다르산에서 보좌에 앉아 일곱 제자를 맞이하게 될 것이다. 그러므로 나는 그대에게 '세상에 영광인 금강을 지닌 스님'라 이름하리라."

그리고 대중과 함께 축복하고 황금 아루라와 부시와 쌈지를 주고 혀와 침으로 축복하였다.

"자, 이제 너는 그 곳으로 가서 명상하라."

감뽀빠가 떠날 때 밀라래빠는 중부 티베트 참보체까지 동행하였다. 돌다리에 이르자 짐을 부려놓고 이야기하였다.

"자존심과 이기심, 집착을 놓고 오직 세상과 중생을 위해 봉사하라. 진리에 헌신하라. 그럼 잘 가라."

밀라래빠는 깊은 감동과 명상에 젖어 설법하였다.

26. 논리학자 로뛴과 뛴곰래빠

   밀라래빠가 작은 따마리스끄 공덕나무 숲속에 머물고 있을 때의 일이다. 어느 날 래충빠와 쎄완래빠를 추종하던 로뛴겐된 스님이 방문하였다. 그는 한때 밀라래빠와 논쟁하였던 학승 다로의 친구였다. 로뛴은 밀라래빠에게 여러 번 예배드린 뒤 가르침을 청하였다.

   "존경하는 스승님. 저는 예전에 선생님을 뵙고 그리고 다로의 죽음을 보고 선생님을 매우 존경하게 되었습니다. 자비를 베풀어 가르침을 주십시오."

   "죽음을 염두에 두지 않은 채 잡다한 유희에 탐닉하는 사람은 수행할 수 없소."

   "안타깝게도 저는 선생님의 말씀처럼 살아왔습니다. 앞으로는 죽음을 염두에 두고 수행하겠사오니 가르침을 주시옵소서. 계율은 절간의 기둥이고 논리학은 세척제며, 경·율·논 3학은 불자의 친구로 압니다. 지금까지는 사변적 진리만 추구해 왔지만 저에겐 가장 본질적인 가르침이 필요합니다."

   로뛴은 래충빠와 쎄완래빠를 통해 스승을 설득해 달라고 청하기도 하였다. 이에 때가 된 것을 알고 밀라래빠는 기쁜 마음으로 승낙하였다.

　　세 마을의 높은 학자 로뛴이
　　대도의 가르침을 청하니 세상의 복이요 래빠들의 기쁨이네.
　　신심없이 진리를 수행하는 것은
　　구천을 떠도는 굶주린 귀신
　　딴뜨라를 알아 신통변화를 부릴줄 안다해도
　　세속욕망과 자만심 버리지 않고
　　자비 공덕 닦지 아니하면
　　윤회의 바다에서 한없이 헤매리

　　많은 지식과 예리한 지성
　　화염의 장작 같아 마음을 불사르네
　　불행은 자신이 뿌린 악업을 초래하나니
　　진리 수행은 어긋나지 않네.

　　커다란 신심을 지니고 로뛴이 물었다.
　　"선생님의 가르침은 신실합니다. 이제 육바라밀의 진수를 가르쳐 주시면 생명의 감로수로 여기겠습니다."
　　"고귀한 출생은 보시로부터 시작되고 계율은 모든 불자 한결같이 지켜야 될 윤리, 인욕은 공덕의 옷이고 정진은 수도자의 필수행, 선정은 지혜의 공덕이고 지혜는 부처님의 지중한 보물이다."

　　밀라래빠는 래충빠와 쎄완래빠에게 지시하였다.
　　"예물을 준비하라. 귀한 스님을 입문시키리라."

이리하여 밀라래빠는 로뛴을 입문시키고 핵심교의를 베풀었다.

그 후 얼마동안 명상에 임하던 로뛴은 많은 제자들이 있는 가운데서 물었다.

"명상할 때 방황하는 사념과 거친 환상이 많습니다."

"사념과 환상은 모두가 하나이다. 좋든 나쁘든 묻게 될 것이 없으니 오직 바른 견해를 가지고 수행하라."

하고 노래 불렀다.

투명한 마음 모르면 윤회에 빠진다

마음 쉬는 법은 흘러가게 내버려두는 것이다.

아기가 평화롭게 잠이 들 듯이

고요한 바다에 물결을 일으키지 말라.

그리하면 밝은 달 그대 가슴속에 뜨리라.

자만심 시체처럼 팽개치고

흔들림 없는 태산처럼

그대 마음 굳게 가지면

온갖 그릇된 주장에서 벗어나리라.

로뛴이 말했다.

"모양도 색깔도 없고 감각 세계를 초월한 이 경이로운 마음을 어떻게 말과 사유로 다할 수 있겠습니까."

"어떤 경지에서도 마음을 묶지 말고 부딪침에도 닿지 말며 편견에도 떨어지지 말라."

그리하여 로뛴은 밀라래빠의 설산 사자와 같은 친밀한 아들이 되었다.

밀라래빠가 진 지방 붉은 바위 고지에 머물고 있을 때 제 부족의 스님 한 사람이 찾아왔다. 인사를 드리고 살펴보니 동굴 안에는 냄비 하나밖에는 아무것도 가진 것이 없었다.

"불경도 한 권 없고 불상도 없고 불법을 상징하는 염주도 없구나."

밀라래빠가 스님의 생각을 알고 말했다.

"이 몸은 그대로 만다라이고 3세 부처님이 머무시는 곳, 제불의 축복 받아 궁핍과 소유 떠났기에 재물 없어도 행복하다."

스님이 생각하였다.

"진짜로 이 분은 도인이로구나. 나의 생각을 꿰뚫고 있으니. 내 이제 이 분을 의지하여 삶의 지표로 삼으리라."

밀라래빠는 이름도 성도 모르는 이 스님을 바로 입문시키고 이름을 제뛴차신바르라 불렀다. 그리고 구전(口傳)의 가르침을 베푼 뒤 명상 수행하도록 하였다.

어느 날 그는 밀라래빠를 찾아와서 말했다.

"저는 지난 날 내면에서 기쁨을 찾지 못하고 재물과 부를 갈망하였습니다. 그러나 이제 선생님의 가르침을 따라 무엇에도 집착하지 않으니 큰 기쁨 느낍니다. 이제 환희 속에서 살아가고자 합니다."

"그래, 그대는 세상의 나루터가 되리라."

하면서 다음 여덟 가지 행복의 노래를 불러 주었다.

제 몸을 깨달으면 성스러운 사원
흔들리지 않는 사람은 열반을 증득한다.

6근에 집착 없으면 장애될 것 없고
진실한 전수를 행하는 법다운 스승 길의 안내자
설산의 무명베옷은 춥고 더운 보호자이고
합일의 교의는 삶과 죽음을 초탈시키네.
중앙통로 이용은 생명의 에너지
공과 자비의 수행은 깨달음의 안내자

제뙨이 말했다.
"선생님의 말씀은 제게 큰 광명입니다. 이제 쉽게 이해할 수
있도록 정견과 수행, 정행을 성숙하게 하옵소서."
"깊은 정견은 언어에 끄달리지 않나니. 편견과 이기심으로 남
을 헐뜯지 말라. 깨달음의 달이 비추기 전에는 공에도 집착하지
말고 세속 환락 즐기지 말고 마음내키는 대로 기이한 행동 삼가
라. 내 몸이 불신(佛身)이라 생각할 때 화신이 나타나나니 법신
을 깨닫고자 하면 동요하는 생각 가라앉혀라."
스승의 노래 듣고 확고한 지견을 얻게된 제뙨은 그 뒤 오랫동안
은둔처에서 명상하다가 스승 밀라래빠의 친밀한 아들이 되었다.

어느 날 밀라래빠는 자신을 허무주의자라고 모나게 비방하고
있는 어떤 절을 찾아갔다. 극단적인 적개심을 가지고 있던 사람
들이라 밀라래빠가 절 앞에 이르자 우르르 몰려와 잔인하게 매질
하며 밀라래빠를 기둥에 묶었다.
그런데 이상하게도 밀라래빠는 그대로 정문 앞에 동상처럼 서
서 움직이지 아니하니 두 번 세 번 망동을 피우다가 참회하였다.

어떤 스님이 물었다.

"어떻게 이럴 수가 있는가?"

"허무주의 외도이기 때문이다. 그러므로 살인을 당해도 죽지 않고 매를 맞아도 아무런 고통을 당하지 않는다."

"위대한 수도자여. 실수를 범했는데 양해해 주셔서 고맙습니다. 그러나 제발 이 곳에서 떠나주셨으면 좋겠습니다."

"내가 위대한 수도자인지 아닌지는 나도 모르겠소. 그러나 스님의 몸으로 그렇게 무자비한 행동을 하다니 죄없는 사람들을 비방하고 이렇게 해쳐도 된단 말이오. 자부심에 빠진 사악한 행동은 윤회의 빌미가 되오."

"참으로 놀랐습니다. 어떻게 그런 기적을 행하십니까?"

이것은 믿음 없는 자에게 믿음을 주기 위한 방편이고 명상 체험을 심화시키기 위해서 사용할 뿐 함부로 사용하면 도리어 해가 되오."

"불교야말로 심오한 진리인가 합니다."

"모르는 걸 배우기는 쉬워도 아는 걸 잊어버리기는 어려우니 이것을 위해 공부하시오."

"공부하는데 여러가지 방해와 편견과 의심에 직면합니다."

"모든 혼란은 마음속에서 오는 것이니 마음을 깊이 관하면 모든 것이 공해집니다."

이리하여 적개심에 불타던 스님들이 모두 새로운 신심을 가지고 밀라래빠의 제자가 되었다.

그때 시자가 된 리꼬차루가 티베트 중서부 지방에 가서 큰 능력을 베풀어 주십사 하고 간절히 청원했으나,

"나는 스승의 가르침을 따라 살아갈 뿐이니 이 생에서 그 밖의 어떤 것도 바라지 않는다."

일축하였다.

"선생님은 이제 늙었습니다. 먹고 입고 사는 것을 조금은 달리 변하도록 해야 되지 않을까요?"

"처음과 끝이 달라질 수 없다. 더군다나 출가자는 일심속에 사는 것이니 이런저런 것에 개의치 말라. 그것이 곧 모든 중생들을 위하는 길이니라."

리꼬차루는 밀라래빠의 축복으로 도리어 자신의 신조를 바꾸고 스승의 모범을 따라 흔들림 없는 결심으로 적정처에 들어가 도를 닦았다.

27. 여러가지 이야기들

(1) 여러 제자들의 질문

밀라래빠가 쿠죽에 있을 때 래충빠가 질문하였다.

"몸과 입과 마음으로 수행하는 과정에는 어떤 것이 있습니까?"

"몸의 수행은 분별을 없이하고 입의 수행은 물소처럼 입을 다물고 마음의 수행 비유(非有)의 본질대로 하라."

"출가의 정신은 보리심이 으뜸이 되지요?"

"그러나 진리 수행의 진수를 모르는 사람은 그렇지 못한 경우도 있다."

어느 해 센곰래빠가 찾아와서 여러가지 질문을 하니 다음과 같이 말했다.

"만물이 하나인 진리를 모르면 대광명을 명상하여도 집착만 성한다."

밀라래빠가 수림 수정굴에 있을 때 가뭄이 극심하여 물 가지고 싸움이 났다. 래충빠가 중개를 요청해오자 다음과 같이 말했다.

"조언자 중개자 참견자는 도리어 불화와 고통을 일으키니 중립이 자유로우니 벙어리처럼 침묵하고 공부하라."

밀라래빠가 3보에 기도하자 억수같이 비가 쏟아져 가뭄이 해소되었다.

밀라래빠가 진 지방 푸약싸 마을에 있을 때 한 보시자가 말했다.

"저기 마녀 동굴이 하나 있는데 괜찮으시다면 안내해 드리겠습니다."

명상에 들어앉아 있으니 밤중에 마녀가 나와 '누가 내 땅을 범했느냐.'하고 벼락이 났다.

밀라래빠가 법문하였다.

"마음은 사악할수록 고통이 심해진다."

마녀가 즉시 항복하고 맹서(盟誓)하자 밀라래빠는 인과응보의 법칙을 가르쳤다.

밀라래빠가 평지의 중앙에 있을 때 마을 사람들이 갖가지 놀이를 하고 있는 것을 보았다. 주사위를 던지고 장기두고 베짜고 돌팔매질, 활쏘기하는 사람들에게 구걸하였다.

한 소녀가 물었다.

"선생님 같은 분도 부모 형제가 있습니까?"

"나도 그 모든 것을 가지고 있다."

"그렇다면 그 분들을 나에게 소개해주세요."

"나의 가정은 천국이고 나의 농장은 선의(善意), 나의 집은 대자대비이고 나의 아버지는 여래, 나의 삼촌은 포교사."

밀라래빠가 이렇게 노래 부르자 많은 사람들이 모여들었다.

젊은 청년이 물었다.

"수행자에게도 이같은 즐거움이 있습니까?"

"천인들의 기쁨은 그대들과 비교할 수 없다."

하고 다음과 같이 노래불렀다.

악인의 집에는 죄악이 오고
인색한 마음 타오르는 증오
욕심쟁이 모닥불 같고
지식 많은 사람 삶은 고기,
꼴사나운 늙은이 파리떼 같네.

밀라래빠가 탁발 나갔다가 사람들이 열심히 일하는 것을 보고
어느 집 마당에 벌렁 누워있었더니 그 집 마나님 연장을 주면서
일을 도와달라고 하였다. 그래도 듣지 않자 "쓰레기 같은 인간"
하고 호통쳤다.

밀라래빠가 노래불렀다.

나는 선정의 벽을 쌓느라
진흙벽 쌓을 틈이 없네.
공성의 대평원에서
욕망의 야생염소들 길들이느라
조상 물려준 토지 가꿀 틈이 없네.

밀라래빠가 구걸 갔다가 술잔치 하는 곳에 이르니 멸시하고
조롱했다.

"수행자여 그대는 어디서 왔는가?"

"산 속에서 왔습니다."

"그러면 밀라래빠를 아시오."

"그런 사람이 있다는 말은 들었습니다."

"그 분과 같이 노래 한 번 해보세요."

밀라래빠가 윤회에 대한 노래를 하자 그들은 모두 엎드려 절하고 성현처럼 받들었다.

(2) 뵌뽀 산에서의 설법과 입문식의 기적

밀라래빠가 추와르에 있는 니르마나까야성에 머물면서 감뽀빠 등에게 핵심 교의를 가르친 뒤 동부 지방으로 갔는데 밤낮없이 비가 쏟아져 지루함을 느끼게 되었다.

날이 개어 따뜻한 햇살이 쏟아지자 일곱 명의 제자들과 산책 나오니 뵌뽀산 근처에 낯선 래빠들이 장수귀녀의 설산을 가리키며 여쭈었다.

"이 산 이름이 무엇입니까?"

"아름다운 여신의 푸른 고봉이다."

"얼마나 힘이 세나요. 이 여신은 진리를 따릅니까?"

"그는 나의 시녀가 되어 있노라."

"선생님께서는 어떤 진리를 설하시고 그들은 어떻게 시봉하는지 들려주십시오."

"인과 법칙과 경전의 방편을 설했노라. 그리하여 그들은 원한심 복수심을 놓고 수도생활에 정진하고 있노라."

"인간과 아수라 중 어느 쪽이 진리를 수행하는데 낫습니까?"

"진리를 수행하는데는 아수라가 났고 사람들을 돕는 데는 역시 사람이 낫다."

밀라래빠의 제자들은 그 곳에서 반나절 동안 머물다가 가지고 왔던 음식으로 제사지내고 몇 사람은 은둔처 몇 사람은 보시를 구하러 떠나기로 하고 몇 사람은 스승곁에 머물기로 했는데 그때 밀라래빠는 여섯 가지 교훈을 내렸다.

새들은 날개를 펴고 접을 시기를 알고 장소도 안다.
진짜 부자는 언제나 만족하고
불가지론자는 언제나 완전하다.
재물과 명예를 탐하는 자는
머지않아 악마의 덫에 걸리나니
빈두(정기)를 통달하여 매혹의 힘을 얻었을지라도
자격 있는 릭마 없으면 까르마무드라 행하지 말라.
인류의 행복을 위해 생생한 수호 불삼매를 닦더라도
넘치는 자비 없이는 악의에 넘치는 주문을 외우지 말라.
쁘라나 마음 통달했어도 미라(幻) 공성 깨달아
뱀과 짐승 몸으로 변신할 수 없다면
묘지에서 시체를 가져오지 말라.

친밀한 도반들과 3밀을 지닌 스승 외에는
법통과 명상에 대한 이야기 함부로 하지 말라.
그대가 지켜본 적 없는 재능 지닌 이에게
수행 법통을 가르치지 말라.

사람의 의혹을 불식시키기 전에는
심오한 비밀집회를 갖지 말라.
혼탁한 시대에는 진리가 어두워지나니
인욕으로 정진하라.

밀라래빠가 냐낭 북부형 동굴에서 금강 다끼니들의 뜻을 받아
제자들에게 입문식을 할 때 스승께서 직접 설하지 않고 꽃병 하
나를 놓고 "네가 내 대신 입문식을 하라." 하니 꽃병이 하늘로
올라가 온갖 향기를 풍기고 내려왔다.
밀라래빠가 말하였다.
"이것이 무욕의 지순한 만다라니라."

또 래충빠가 금강 수행녀 탱화 하나를 가지고 와서 성화식(聖
化式)을 요청하니 "나는 성화식을 모르나 성화가 탱화에 내려지
도록 하겠다" 하고 꽃 한 송이를 탱화에 던지자 탱화가 한참동안
흔들리다가 하늘에서 꽃비가 내리고 탱화의 그림들이 모두 빛을
발하였다.

(3) 청신녀 센도르모와 레세붐

청신녀 센도르모와 레세붐은 독실한 보시자였다. 나이 들어 스
승을 모신 자리에서 출가하여 수행 못하는 것을 한스럽게 생각하
면서 법문을 청했다.
"생이 어찌하여 고통입니까?"

"노병사의 원인이기 때문이다. 방랑자 아뢰야식이 욕정에 휘말려 어머니 자궁으로 들어가면 바위틈에서 붙잡힌 물고기처럼 배설물을 베개삼아 피와 황액 속에 잠이 든다. 나쁜 까르마로 몸을 받기 때문에 전생의 기억 말 한 마디 못하고 굴속 어둠 속에서 아홉 달을 지내다가 집게로 집어내듯 머리는 짓눌리고 가시덤불 구덩이에 내던져지듯 괴로움 받는다. 매에게 붙잡힌 참새같이 어머니 무릎 위에 놓여진 아기 피와 고름 씻어내니 살갗 벗겨지는 고통 느낀다. 탯줄 끊을 때는 척추를 끊어내는 고통 느끼고 담요에 싸여 요람에 누우면 사슬에 묶여 감옥에 갇히는 것 같다."

센도르모가 다시 여쭈었다.
"늙는 고통에 대하여 설하여 주십시오."

쇠약하고 노쇠하면 육신고통 가득하니
꼿꼿한 몸은 굽어지고 걸음걸이는 비슬비슬
검은머리에 서리가 오고 맑은 눈동자 탁해진다.
어지럼증 병자처럼 흔들흔들 귀는 멀고
등줄기는 핏기 없는 기둥처럼 오똑 선다.
백옥이빨 누려지고 혀는 둔하여 더듬거린다.

그때 센도르모가 "저도 지금 그 고통을 겪고 있습니다. 질병 고통아 두렵습니다."
하니 질병에 대한 고통을 다시 한 번 들려주었다.

병이 들면 고생하나니

마음병 쓸개병은 피와 살을 뜨겁게 하고
편안한 침상에도 잠 못 이뤄 걱정하고
좋은 음식 먹는다 해도 음식 맛은 전혀 몰라.
차가운 자리 누웠어도 뜨겁고
뜨거운 자리 누웠어도 차가우니
친척 친구 누가 좋아하리.
누구도 대신할 이 없느니라.

센도르모가 다시 죽음의 진리를 청했다.

빚쟁이에 쪼들리듯 산 사람은 죽음에 쪼들린다.
염라대왕 옥졸 보내면 돈으로도 할 수 없고
장군의 칼도 소용없고 꾀많은 여인 눈치로도 되지 않는다.
유식한 학자 변론으로도 연기 못하고
여우같은 겁쟁이도 달아나지 못하고
용맹한 자도 용맹을 자랑할 수 없다.
나디들이 모여지면 두 산 사이 끼어들 듯
뇐 사제 점쟁이도 소용없고 믿었던 의사도 도리질한다.
동행자도 하나 없고 수호신도 사라진다.
죽은 사람 살점 보면 푸르딩딩 퀴퀴한 냄새
싸늘한 잿더미에 남겨진 숯부스러기
죽음 벼랑에 떨어지면 억 소리 한 번에 끝이 난다.

그 무렵 레쎄붐은 밀라래빠를 자기 집에 초대하여 오래도록
머물러 달라고 간청하였다.

그때 냐낭마을 사람들이 차차를 만들기 위해 한 자리에 모였는데 레쎄붐이 물었다.

"선생님께서도 제자들과 함께 모임을 가지시지요?"

"나는 그런 것을 좋아하지 않네."

"그러면 제가 대신 다녀올 터이니 그 동안 제 어린 아들과 양떼를 돌보아주세요."

그녀는 화려하게 몸을 단장하고 나갔으나 밀라래빠는 시키는 일을 한 가지도 하지 않고 시간을 보내 아이들은 우느라고 눈물 콧물이 범벅되고 양떼들은 밭을 짓밟아 곡식들을 모조리 먹어 버렸다. 레쎄붐이 원망했다.

"제가 부탁한 일을 어떻게 한 가지도 도와주지 않습니까?"

"깨달음의 아이들을 돌보고 불멸의 양떼를 몰고 다니느라 코흘리개 아이들과 세속 양떼를 잊어버렸다."

래충빠는 부모 형제를 다 버리고 출가하였으나 아직은 세속의 명예와 권세에 미련이 남아 있었다.

하루는 밀라래빠가 래충빠를 데리고 양을 잡는 도살장으로 갔다.

수백 수천 마리의 양들이 벗겨지고 끊어져 머리는 눈을 뜬 채 걸려있고 살코기는 살코기대로 놓여있었다. 그런데 그때 뵌 출신의 왼손잡이 늙은이가 커다란 흑양을 도살하는데 목도 떨어지기 전에 창자를 후벼내어 끔찍한 비명을 지르며 도망쳤다.

밀라래빠는 참혹한 광경을 보고 노래불렀다.

가엾어라, 윤회중생이여,
해탈도를 모르므로 어리석고 슬프구나.
고기를 먹고 피를 뿌리며
혼란과 미망이 인간의 마음에 가득하네.
래충빠는 여기서 충격을 받고 라치설산으로 올라가 다시는 세속 생각을 하지 않게 되었다.

어느 때 밀라래빠는 래충빠와 지곰래빠 및 다른 제자들과 함께 람딩남푸 동굴에 머물고 있었다. 그런데 래충빠는 지곰래빠와 함께 나로빠와 마이뜨리빠의 가르침에 대하여 토론하고 있었다. 밀라래빠가 말했다.
"너희들은 아직도 행위의 세계에서 꾸물거리고 있느냐. 내면세계를 깨닫지 못하면 고함소리 이기심만 부풀어오른다."
노래를 듣고 제자들은 한층 깊은 지견을 얻었다.

그런데 어느 날 냐낭 사람들이 래충빠를 초대하여 얼마 동안 머물러 달라하여 2주일 동안 가서 있었다.
한편 이때 제쎄와 쿠죽, 진 지방 사람들이 올라왔다가 스님께서 발가벗은 몸으로 앉아 있는 것을 보고 수치스러워 들어가지 못하고 있었다. 제쎄가 덮개를 가져다주어서야 비로소 참배하게 되었다.
"앞으로는 제발 그것만은 덮고 계십시오."
하자 밀라래빠는 벌떡 일어나
"내 오랫동안 방랑하며 스승 곁에 머물러 부처님 가르침 배우느라고 세속 일을 모두 잊었으니 나는 내 멋대로 살아가겠다."

하였다.

비로소 사람들은 이해하였다.

"아, 우리 스님은 망각 속에 사시기 때문에 거추장스러운 것을 오히려 싫어하시는가 보다."

그런데 래충빠가 마을에 머물면서 각 보시자 집에서 하루씩 지내다보니 여러 날 걸렸다. 은둔처에 돌아와서 보니 문이 잠겼다.

"아, 내가 너무 있다와서 스승님께서 다른 데로 옮겨 가셨나 보다."

하고 가만히 말했다.

"스승님 래충빠가 방금 돌아왔습니다."

말이 끝나기도 전에 굴 속에서 소리가 났다.

"마음을 떠나서는 따로 부처가 없다. 늙은 아비는 건강하다. 너는 어떠하느냐?"

문을 열어주어 들어가니 꾸짖었다.

"너는 아직도 세속욕망을 버리지 못하고 있어. 모든 걸 다 버리고 산 속에서 수행하라. 다시 구전의 가르침을 전수하리라."

그래서 래충빠의 마음이 크게 정화되었다. 이 인연으로 밀라래빠와 래충빠는 함께 복부형 동굴에 초대되어 살았다.

또 밀라래빠와 래충빠가 라치설산 악마정복 동굴에 머물고 있을 때 아수라들이 반역이 어찌나 센지 래충빠는 아예 동굴 뒤편에 숨어 있었다.

어느 날 천신과 유령들이 몰려와 무시무시한 동작을 하면서 밀라래빠를 겁주려고 갖가지 무기를 던졌다.

이때 밀라래빠는 수성삼매(水性三昧)에 들자 더 많은 악마들이 모여들었다. 그 가운데 마녀 한 사람이 있어 밀라래빠를 우물가로 옮겨다가 놓고 발로 조약돌을 차는 바람에 밀라래빠가 삼매에서 깨어나 말했다.

"내가 여기 있다."

하고 발가벗은 몸을 드러내자 악마들은 기겁을 하여 달아나려 하였다. 밀라래빠는 악마들에게 3귀의, 발보리심에 관한 진리를 설해주어 그들의 믿음을 보시고 귀의를 받았다. 이튿날 밀라래빠가 제자들에게 물었다.

"어젯밤에 무슨 일이 있었느냐?"

"어떤 사람이 잠자리에 계시는 스승님에게 돌을 던졌는데 괜찮습니까?"

"수성삼매 속에서 돌멩이를 맞아서 그런지 가슴이 조금 불편하구나. 어디 한 번 확인해 보자."

하고 다시 수성삼매에 드니 정말 몸 속에 조약돌 몇 개가 있어 주워내니 괜찮아졌다.

그때 여러 제자들이 모여 스승과 함께 등반하기로 하였다. 제자들이 몸을 단정히 하고 나서자

"나는 힘이 없으니 누워가겠다."

하고 큰 바위에 눕자 바위가 구름처럼 둥둥 떠서 산꼭대기에 올라갔다. 제자들이 올라가니 말했다.

"등반은 이렇게 해야 하느니라."

래충빠가 말했다.

"스승님 오늘 저는 지순한 술을 마시고 싶습니다. 어찌하면 좋

겠습니까?"

"그래, 내가 술을 빚어주지."

하고 노래를 불렀다.

진리의 추종자는 하나의 진리로 술을 빚나니

새 몸을 가진 화덕으로 공성의 가마 파고

백색정화 곡식 넣고 자비의 물 채워

지혜의 불 피우면 5종지(種智)의 술이 무르익는다."

노래를 듣고 제자들은 더욱 확고한 지견을 얻었다.

밀라래빠가 냐낭 마을 사람들의 주선으로 복부형 동굴에 머물렀는데 젊은 사람들이 생각하였다.

"래충빠는 인도 유학까지 갔다 왔고 밀라래빠는 늙은 수행자이니 우리는 래충빠에게 공양하자."

그리하여 래충빠에게 공양하는 사람들은 젊고 부유한 사람들이고 밀라래빠에게 공양하는 사람들은 늙고 가난한 사람들이었다.

래충빠는 공양을 받고 생각하였다.

"나에게 이런 공양이 오는 것을 보면 우리 스승님은 더 큰 상을 받을 것이다."

그리고 밀라래빠가 계신 곳을 가서 보니 자리가 냉랭하였다.

"스승님, 오늘 들어온 보시물을 가지고 대중공양을 하겠습니다."

"좋다. 내 것도 갖다 같이 쓰렴."

하여 스승의 보시물이 있는 곳을 가서 보니 썩은 고기 몇 점과 술 한 병이었다. 래충빠는 충격을 받았다.

"아, 내가 여기 있다가는 스승을 망신시킬 염려가 있구나."

하고 스승님께 간청하였다.

"저는 중부 티베트 위 지역으로 가고 싶습니다."

"안 된다. 네가 더 큰 깨달음을 얻기 전에는 안된다."

그런데도 래충빠는 세 번, 네 번 간청하며 위 지역으로 가기를 간청하였다. 하는 수 없이 허락하고 전송하였다. 전송하고 돌아 오는데 젊은 신자들이 래충빠에게 시주물을 가지고 갔다가 없으므로 한 쪽에 숨겨놓고 오다가 밀라래빠를 만났다.

"어디 갔다 오십니까?"

"래충빠를 전송하고 오는 길이다."

"어디로 갔습니까?"

"위 지역으로 갔다. 아직 떠나긴 이른데도 고집을 부려 보냈다. 그런데 그대들이 시주물을 그대로 숨겨두고 가면 모두가 썩고 말 것인데."

하여 그들은 새삼스럽게 놀랐다.

"어떻게 숨겨놓은 물건까지 다 안다는 말인가."

하고 다시는 밀라래빠에게 거짓말해서는 안되겠구나 생각하였다.

과연 래충빠는 위 지역에 나아가 자 지방에 있는 불교중앙연구원의 교수로 임명되었다가 어떤 귀부인을 알게 되어 망신만 당하고 돌아왔다.

29. 인도의 담바쌍게와 누이동생 뻬따

밀라래빠가 냐낭의 복부형 동굴에 머물고 있을 때 이른 아침 사자의 모습을 한 다끼니 천녀가 나타나,

"인도의 쌍게님이 통라를 통과했다."

고 알려주었다. 호흡을 멈추고 순간 날아 통라에 이르니 산등성이 고갯길에 몇 명의 상인들이 걸어오고 있었다.

"혹 인도 스님을 못 보았느냐?"

"누군줄 모르지만 까무잡잡한 늙은 이가 여관에서 자는 것을 보았습니다."

밀라래빠는 신통을 부려 길섶에 소복이 피어있는 꽃무더기로 변해 있었다. 담마쌍게는 처음에는 무심히 지나더니 다시 돌아와서 꽃무더기를 톡 치면서 물었다.

"실례지만 밀라래빠 아니시오. 당신도 다끼니들이 비밀한 가르침을 노래하였기 때문에 분노를 사서 오늘 저녁 죽여 피와 살을 먹는다 하였소."

"그러나 나는 죽음에 대한 확신을 가지고 있기 때문에 걱정이 없소."

하고 다음과 같이 노래하였다.

내 마음 공 속에 녹아내려
불멸의 세계 도달했네.
그 곳은 생사의 일이 저절로 사라진 곳
결정적 정견 지녀 내 마음 행복하네.
무행(無行)의 행으로 일여(一如)의 세계 이르렀고
무위(無爲)에 살면서 부단(不斷)의 상태 이르렀고
비입문 성취하여 모든 불신(佛身) 초월하고
수련 없는 가운데서도 변함없는 세계 도달하고
기대 없는 세상에서 두려움 없이 살아간다네.

담빠상게가 듣고 긍정했다.
"나도 그 경지는 넘어섰습니다. 참으로 만나기 어려운 만남이
나 둘 다 필요한 것은 아닙니다."
"사람들은 당신이 모든 슬픔 덜어주는 교의를 가졌다고 하는데
사실입니까?"
"지금까지 누구도 내 노래를 들은 일 없고 장차도 마찬가지일
것입니다."
당신이 꼭 필요하다면 한 마디 일러 보겠습니다.

악마가 오면 신통력을 의지하고
고통 질병 덮쳐오면 본유 자각 이용하고
온갖 번뇌 나타나면 욕망 일으켜 초월하고
은밀한 곳 홀로 있을 때는 적나라한 자각으로 휴식하며
많은 사람 섞일 때는 정견으로 살아갑니다.

밀라래빠가 그 노래를 들으면서 자신의 음경을 드러내고 있자
"당신은 가려야 할 곳을 가리지 않고 있군요."
하자
"나는 미치광이오."
하고 노래 불렀다.

아버지 아들은 미치광이고
금강 법통도 미치광이고
성자 띨로빠도 미치광이고
조부 나로빠도 미치광이고
아버지 마르빠도 미치광이고
아들 밀라래빠도 미치광이요.

본래 지닌 삼신불은 금강법계를 미치게 하였고
마하무드라 귀신은 증조 띨로빠를 미치게 하였고
은밀한 자각 귀신은 조부 나로빠를 미치게 하였고
네 종류 딴뜨라 귀신은 아버지 마르빠를 미치게 하였고
마음 생명에너지 귀신은 아들 밀라래빠를 미치게 하였소.

편견 떠난 지견은 그 자체가 미쳤고
해탈 자유행들과 무념 투명한 수행과
희망 두려움 없는 성취와
가식없는 수련도 똑같이 미쳤다네.

담빠쌍게가 말했다.

"당신같이 미쳤다면 아주 훌륭한 미치광이오."

"자 우리 만나기 어려운 사람들이 만났으니 함께 성찬식을 올립니다."

"좋소. 그러면 당신부터 하시오."

밀라래빠는 금방 골수가 들어있는 두개골을 떼어내고 팔뚝과 목을 잘라낸 뒤 몸통을 통째로 난로로 만들어 그 두개골과 팔뚝을 난로 위에 올려놓은 뒤 배꼽으로 내부열을 방출하니 오색찬란한 빛이 쏟아졌다.

한편 담빠쌍게는 자신의 몸을 일곱 개의 화신으로 변화하여 일곱 개의 풀줄기 위에 올려놓으니 밀라래빠는 8문 둔갑술로 뎀촉불의 7대 만다라를 형성하였다.

그런데 밀라래빠의 변화신이 올려져 있는 풀줄기가 약간 밑으로 쳐졌다. 밀라래빠가 말했다.

"원리는 똑같은데 왜 내 것은 밑으로 처집니까?"

"당신이 티베트에서 태어났기 때문이오."

할 일 없는 두 사람은 각기 신통력을 내어 자기 갈 길로 갔다.

밀라래빠가 머물고 있는 냐낭 복부형 동굴 근처에 라싱 마을 부근에 부유한 사람이 살고 있었는데 그는 독실한 불교신자로 밀라래빠의 정신을 계승한 사람이었다.

죽으면서 유언하였다.

"내 영혼이 구제 받을 수 있도록 모든 재산을 밀라래빠에게 바쳐달라."

그러나 가족들은 뵌 신자들이라 말을 듣지 않고 있다가 죽은 뒤에야 알렸다. 그런데 밀라래빠의 제자들이 그 곳에 올 때는 이미 뷘 사제들이 와서 의식을 집전하고 있었다. 밀라래빠가 와서 보니 사자의 영혼이 초록색 피부를 하고 긴 머리카락을 늘어뜨린 채 유쾌하게 술을 마시고 있었다. 때마침 밀라래빠의 여동생 뻬따가 왔다가 그것을 보았다. 뻬따가 물었다.

"저것이 진짜 영혼입니까?"

"저것은 뷘 신자들이 꾸며서 만든 가짜 영혼이다. 아래층에 내려가 죽은 사람의 법명이 무엇인가 물어오라."

제자들이 아래층으로 내려가니 영혼은 벌써 떠나 산숲 아래 여우가 되어 갔다고 하였다.

그러자 밀라래빠가 말했다.

"저들은 산사람에게 보여주는 천도재를 하지만 나는 죽은 사람의 정신을 바로 일깨워 주는 천도재를 하리라."

하고

"지금 이 영혼은 전생의 업으로 야크의 갈색 쇠똥 속에 한 마리의 벌레가 되어 있으니 나를 따라오너라."

하고 뒷산으로 올라갔다. 과연 산 중턱에는 야크 똥이 있고 그 속을 뒤지니 벌레 한 마리가 나왔다. 밀라래빠가 은밀히 부르니 벌레는 똥으로부터 나와 밀라래빠에게 앉았다. 밀라래빠는 그를 위해 법을 설하고 변형행법을 하니 곧 벌레가 죽고 그 몸에서 밝고 옅은 빛이 나와 밀라래빠의 심장 속으로 들어갔다. 밀라래빠가 잠깐 명상에 드니 그 빛이 다시 심장에서 나와 하늘로 올라가면서 말했다.

"감사합니다 스승님. 나는 스승님의 은혜로 복락국토로 갑니다."

많은 사람들이 그 소리를 들었다. 밀라래빠가 말했다.

"누구나 해탈을 원하는 사람은 스승과의 첫 대면을 중요시하

라. 그리고 구전법계의 가르침을 잘 듣고 세속적인 집착을 버리고 내적 체험에서 깨달음을 얻으라. 은둔처의 고행이 없이는 8풍을 떠나기 어렵다. 죽은 사람의 유언을 중요시하고 죽은 자의 해탈을 위해 의식을 집행하여야 한다."

밀라래빠의 여동생 뻬따가 여쭈었다.

"오라버니는 다른 사람의 영혼은 이렇게 구해주면서 우리 부모님에 대해서는 생각이 없으시니 무슨 이유입니까?"

"그래서 이렇게 내가 공부하고 있지 않니. 그러니 너도 명상하도록 하라."

그리하여 뻬따는 위대한 체험을 하고 밀라래빠의 영적 딸들 가운데 한 사람이 되었다.

29. 의사 엥게와 차시쩨 이야기

밀라래빠와 다섯 명 제자들이 통라를 향해 가다가 강도를 만났다. 강도들은 몸을 샅샅이 뒤졌지만 가진 것이 없자 물었다.

"밀라래빠를 아느냐?"

"내가 밀라래빠다."

산적들은 그 자리에 엎드려 절하고 청법하자 다음과 같이 설법하였다.

"저 높은 하늘에는 자라난 곡식들이 풍성하니 전생에 뿌렸던 과보이고, 저 아래 지옥에는 비참한 존재들이 울부짖고 있으니 모두가 전생의 과보이다."

하고 사실대로 그 모습을 보여주니 강도들은 눈물을 흘리고 참회한 뒤 떠나고 그 중 한 사람이 발심하여 스님의 시봉을 들게 되었다.

이 사건이 있은 뒤로 밀라래빠는 제자들을 데리고 딩리나마르로 내려갔다. 길가에서 어떤 양치기를 만나

"이 마을에 보시할 만한 사람이 없겠느냐?"

물으니

"의사 엥게네 집을 찾아가십시오."

의사의 집에는 많은 사람들이 있었다. 밀라래빠가 말했다.

"우리에게 음식을 제공해 줄 수 있소."

밀라래빠면 몰라도 이젠 보시도 지쳤소."

"내가 밀라래빠요."

"내 듣기로 밀라래빠님은 무엇이든 보는대로 비유를 들어 설법을 잘 하신다 하던데 한 번 해보시겠습니까?"

그때 마침 거울에 물거품이 흘러갔다. 밀라래빠는 '속절없는 인생을 물거품에 비유하여 설법하였다.

인생은 물거품, 속절없어 보증할 수 없는 것
청춘은 시든 꽃과 같고
생사는 뜨는 해 지는 달과 같다.
새총에 맞은 작은 새처럼 질병은 느닷없이 닥친다.
가물거리는 등잔불처럼 흔들리다가 꺼져가리…

의사는 즉시 음식을 준비하여 공양을 올리고 예물을 바쳤다.

밀라래빠는 한때 진 지방의 라즈에 머물고 있었다. 이때 그는 차시쩨의 공양을 받고 있었는데 차시쩨가 물었다.

"저는 법회 때마다 깊은 감명을 받습니다. 그러나 저는 수도자의 학식 있는 스님이 될 수 없습니다. 그런데 저 같은 사람도 수행에 전념할 수 있겠습니까?"

"진리를 설하고 공부하는 것은 모두가 수행을 위한 것이다. 누구나 수행하기를 결심하면 많은 것을 배우게 되니 걱정할 것 없다."

"선생님의 법문은 쉽게 이해가 되는데 다른 사람의 말은 알아들을 수가 없습니다."

"내 이제 그대들에게 진리 수행의 길을 열어주리라."

세상 부귀는 미혹이라
산더미처럼 쌓아놓고 가도 헛것이 된다.
살았을 때 보시하고 공덕 닦으라.
생사는 기약이 없나니
시간 나는대로 도 닦으라.
명상은 해탈의 법선이 된다.

"선생님의 제자는 얼마나 됩니까?"

"모두 스물 한 명이다. 스승과 수호불 다끼니 여신은 기도 벗
이고, 부처님과 진리 스님들은 귀의(歸依) 벗이며, 경전과 계율들
은 학식 벗이고, 나디와 빈두 에너지는 수행 벗이고, 지복과 무
념, 깨달음은 명상 벗이고, 예경과 맑은 생각, 자비는 보리 벗이
고, 천신과 천녀, 수호신은 무장애 벗이다."

"선생님. 선생님은 이렇게 많은 제자를 두셨음에도 은둔자로
살아가려 하십니까?"

"이렇게 많은 스승과 제자 벗들이 있으므로 나는 어느 곳에 가
던지 행복하느니라."

30. 허무의 가르침

　밀라래빠가 추와르에 머물고 있을 때다. 어떤 사람들이 보면 밀라래빠는 먹지도 않고 자지도 않고 움직이지도 않는데 어떤 사람들이 보면 웃기도 하고 울기도 하게 느껴졌다.

　쎄완래빠가 물었다.

　"선생님은 왜 보였다가 보이지 않게 되고 웃다가 울기도 합니까?"

　"중생들이 웃으면 웃고, 중생들이 울면 운다."

　"그러면 중생들을 위해 설법하실 때 한 곳에서 설하십니까. 여러 곳에서 설법합니까?"

　"근기따라 업 따라 각기 다른 모습을 나타낸다."

　밀라래빠가 허공을 날으는 것을 보고 쎄완래빠가 호흡을 정지하고 흉내를 냈으나 결국 땅 위에 떨어졌다.

　"왜 우리는 하늘을 날을 수 없습니까?"

　"수행하지 않기 때문이다."

　"선생님은 어느 때는 큰 광명이 되었다가 빛나는 등불, 무지개, 물, 황금막대기, 회오리바람이 되기도 하고 아무것도 볼 수 없게 되기도 하는데 거기 무슨 문제가 있습니까?"

　"사물과 하나될 때 그 사물의 모습으로 나타나지만 마음을 허공같이 비우면 볼 수 없게 되느니라."

"그러면 바깥 현상만 따라 그렇게 되십니까. 아니면 자신의 생각을 따라 그렇게 됩니까?"

"진아심을 관찰하는 명상자는 행위 따라 나타내기를 자유자재하므로 두 가지 다 용이하게 된다."

이렇게 하여 밀라래빠는 불교를 티베트 세계에 햇빛처럼 쏟아 놓고 갔다. 어찌 그 마음을 글로 다 쓸 수 있으며 말로 다 할 수 있겠는가.

책을 다 쓰고나서(跋文)

성자 미라래빠

미라래빠(퇴빠까)는 1052년 강가짜마을에서 태어나 아홉살 때 아버지를 여의고 모든 재산을 삼촌과 당고모에게 빼앗기고 그의 어머니 여동생과 함께 그 집에서 종살이를 하였다.

15세에 어머니께서 잔치를 베풀고 재산을 환수하려 하였으나 당숙과 당고모에게 오히려 수모를 당하자 앙심을 품고 흑마술을 배워 우박 폭풍으로 당숙네 가족 35명을 몰살시켰다.

그 후 스승을 찾아 인도에 들어가 6년 8개월 동안 진리의 스승 나굴빠와 마이뜨리빠로부터 불법을 전수받고 과거 죄업을 참회한 뒤 고향에 돌아와 동굴수행을 하였는데, 약혼녀 제세와 누이동생 뻬따가 갖다주는 음식을 먹고 12년 동안 정진하였다.

히말라야의 주봉 카일라스(수미산) 동굴속에서 생활하면서 찾아오는 사람들에게 10만송의 게송으로 전법하였는데, 그것을 간추려 여기 정리하였다. 히말라야 선승들의 마음을 이해할 수 있기 때문이다.

저자 쫑객파(宗喀巴) 大禪師

쫑객파는 티베트 라마교 황파(黃派)의 개조이다.
지금 감숙성 서녕부 암도(Amdo)에서 태어나
로찬타가파(Lozan‐tak‐pa : 羅卜藏礼克巴)란 이름으로
홍교(紅敎) 살사가(薩思迦)에 들어가 공부하다가
뒤에 서남지방 다크포(Tak-po)에 숨어 8년 동안 공부하였다.

부패된 라마교를 개혁하고
공교(空敎)와 밀교(密敎)를 융화하는 한편
승려들의 타락을 고치고
이상적인 계를 청정히 지키고자,
1409년 납살(拉薩)에 도솔사(Gah-dan)를 짓고 사니
많은 사람들이 모여 계룩파를 형성함으로써
전통적인 홍・흑 양모파에 비해
옷도 노랑옷을 입고 모자도 노랑모자를 썼으므로
황모파가 되었다.

청정한 수행을 하다 보니 신도들은 그를
아미타불・문수보살・대흑천의 화신이라 부르고
달라이라마(大海勝者 : 大洋無上)라 존칭하였다.

이 책을 읽는 이들에게 ...

여러분은 지금 어디쯤 와 있습니까.

인생의 여정 속에 어디쯤 와 있으며,
학문이나 이상(理想) 진리의 입장에서는 어디쯤 와 있습니까.
스스로 가늠하기 어려우면 이 책을 보시고 점검하십시오.
히말라야의 높은 봉우리에서 천지를 내려다 보듯
인생의 바른 길이 훤히 보일 때까지
선정대학은 여러분의 좋은 길잡이가 될 것입니다.

菩提道次第　깨달음의 차례

印刷日 ｜ 2014년 7월 20일

發行日 ｜ 2014년 7월 25일

발 행 처 ｜ 佛敎禪定大學

原　　著 ｜ 티베트　宗喀巴　大禪師

抄　　譯 ｜ 한 국　活　眼　大法師

인　　쇄 ｜ 이화문화출판사 02-738-9880(대표전화)

발 행 처 ｜ 479-810 경기도 가평군 외서면 대성리 산 185번지

전　　화 ｜ (02) 969-2410(금강선원)

　　　　　등록번호. 76. 10. 20. 경기 제6호

값　12,000원